JN4100042

너 ▸ 도
예술가

너도 예술가

너도 예술가

펴낸 곳 | 나녹那碌
펴낸이 | 형난옥
지은이 | 박숙희
그림그린이 | 박숙희
편집 | 형난옥
관리 | 조수현
마케팅 | 김보미
디자인 | 김용아
초판 1쇄 인쇄 | 2018년 1월 20일
초판 1쇄 발행 | 2018년 1월 25일
등록일 | 제 300-2009-69호 2009. 06. 12
주소 |서울시 종로구 평창 21길 60번지
전화 | 02- 395- 1598 팩스 | 02- 391- 1598

ISBN 978-89-94940-68-7 03810

박숙희

내 안에, 네 안에
이미 있는 예술에 불을 지필
65가지 그림 이야기

나녹
那碌

작가의 말

네 안에 예술이, 내 안에 예술이

예측할 수 없는 미래에 대한 불안을 모두 이야기하는 지금, 감히 말하고 싶다. 우리는 이미 미래를 알고 있고, 우리가 살고 있는 이 순간 속에 그 미래가 다 들어 있다, 라고. 인공지성이 활약하게 될 미래 사회도 결국은 지금과 연결된 미래라는 점에서 보면 더욱 그렇다. 그런데도 너와 내가 불안해하는 이유는 네가 너를 믿지 못하고, 나에 대한 나의 확신이 없기 때문이다. 내 안에 나의 미래가 이미 내포되어 있고, 네 안에서 너의 미래가 벌써 꿈틀거리고 있는 것은 믿음 이전의 사실이다. 단지 우리는 그 사실을 알아차리지 못하고 있을 뿐이다.

「너도 예술가」라는 메시지는 내가 미처 눈치 채지 못했던 나를, 그리고 네가 어떤 낌새에도 불구하고 외면했던 너를 발견하고 발현하기 위해 매우 적절하고 필요한 메시지다. 이 메시지를 현실에서 직접 증명해보인 사람이 바로 필자인 나다.

1995년 한국일보 신춘문예를 통해 등단해 소설가로 활동하고 있던 나에게 그림은 생각지도 못한 장르였다. 초등학교 미술시간에 그렸던 그림 외에는 그림을 그려본 적이 없었다. 그런데 2013년 여름, 철학을 전공했고 미술평론가이며 화가인 김광우 선생을 만난 것이 계기가 되어 그림을 시작하게 되었다. 그 무렵 김광우 선생은 「모든 사람이 예술가다」라는 자신의 캠페인을 현실화하기 위한 첫 전시회를 기획하고 있었는데, 그 전시회에 내가 참여했던 것이다. 2014년 1월 갤러리 사각형에서 김 선생과 함께 2인전을 한 이후 나는 본격적인 화가의 길로 접어들게 되었는데, 그로부터 사 년여가 지난 지금 나는 소설보다 그림을 더 많이 그리는 화가가 되었다. 이런 사례는 「너도 예술가」라는 메시지가 결코 공허한 메시지가 아니라 얼마든지 현실이 될 수 있다는 사실을 생생하게 보여준다.

이 시대에 예술은 별도의 장르라기보다 이미 생활이다. 우리는 알게 모르게 예술과 더불어 예술 속에서 일상을 살고 있다. 그러므로 김광우 선생 말대로 우리는 누구나 예술가로서 살아가고 있는 것이다. 모든 사람이 예술가인 사실을 증명해보인 한 사람으로서의 나는 내가 그린 그림 하나하나가 어떻게 탄생하게 된 것인지를 이 책을 통해 밝힘으로써 「너도 예술가」가 되는 데 일조하려고 한다.

아무것도 하지 않을 자유가 우리에게 있듯이 그 어떤 것이라도 할 수 있는 자유가 우리에게는 있다.

차례

1

그래도 사람이다

그래도 사람이다. 자연을 그리다가, 사람을 그리다가, 꽃병을 그리다가 결국은 그것들 모두를 뭉개버리고 해독하기 어려운 무엇을 그려놓고 추상화라 이름 붙인 것도 결국은 사람이다. 소설의 중심에도 늘 사람이 있듯이 그림 역시 제아무리 추상적으로 그려놓았다 하더라도 그것을 그린 사람의 마음이 느껴진다. 그래서 나는 아예 노골적으로 사람을 그리는 것에 가장 매료된다. ▶

► 64×98cm, 종이에 아크릴 물감, 2013

10

달려라 수키

「달려라 수키」는 내가 그림을 그리기 시작한 지 얼마 되지 않았을 때 그린 그림이다. 소설을 쓰다가 그림을 그리게 되어서 그런지 처음에 그린 그림들은 이야깃거리가 있는 모티브를 시작으로 그리게 된 것들이 많다. 「달려라 수키」도 마찬가지인데, 이 그림은 1995년 한국일보 신춘문예를 통해 소설가로 등단하게 되었을 때 쓴 당선소감이 그 모티브다.

정확한 내용이 뭔지는 알 수 없지만 달려가 도달해야 할 목표지점이 분명히 있을 거란 막연한 생각이 망상에 불과했다는 사실을 깨닫고 망연자실해진 상태에서 나는 문학을 떠올렸다. 문학 역시 또 다른 망상이라는 사실을 알면서도 문학이라는 새로운 망상의 나무를 심어놓고 다시 달려보기로 마음먹었다. 착각인 줄 알면서도 뭔가를 향해 달리지 않으면 도저히 살 수 없을 것 같았다. 등등의 이야기를 당선소감으로 썼던 것 같다.

왜 달려야만 하는지, 왜 끊임없이 달리고 있는지는 모르겠지만 달리는 것이 박숙희라는 인간의 중요한 특성인 건 분명했다. 그림을 그리게 되면서부터 줄곧 이런 내 특성을 강조한 자화상에 대한 생각을 하고 있었다. 그러나 선뜻 그릴 마음은 없었다. 화가로서의 활동이 좀 더 무르익었을 때 그리고 싶었다. 그런데 그림을 그릴 때마다 달리는 내 모습이 자꾸 머릿속에 떠오르면서 나를 재촉해 더 이상 미룰 수가 없었다. 그래서 결국 나는 달리는 숙희에 대한 오래된 마음, 그 마음을 끄집어내 이 그림을 그렸다.

이 그림은 경상북도 청송에 있는 객주문학관에 소장되어 있다.

► 23×16cm, 종이에 혼합재료, 2013

자코메티

20세기 최고의 조각가라고 불리는 자코메티를 그렸다.

자코메티 사후 50주년인 2016년부터 세계 각국 주요 미술관에서는 차례로 돌아가며 전시를 열어 자코메티를 추모하고 있는데, 우리나라에서도 2017년 12월부터 2018년 4월까지 자코메티 특별전이 열린다.

사르트르와 동시대 인물인 자코메티는 인간 실존에 대한 철학적 고민을 조각과 그림으로 표현했다. 불확실하고 이해할 수 없는 우주에 내던져진 인간의 고독과 불안을 작품으로 형상화한 자코메티는 자신 또한 인간으로서의 실존적 고뇌를 고스란히 겪는다.

이 그림에 사용된 사진 속 자코메티는 그가 수없이 형상화했던 조각과 그대로 닮았다. 움츠린 채 어딘가를 응시하고 있는 자코메티의 표정과 눈빛은 삭막하고 허전하다. 자유를 갈구했던 흔적만 어렴풋하게 남아 있는 자코메티의 모습에서 인간적인 갈등 같은 것은 찾아볼 수가 없다. 물질인 조각은 탈물질화시킴으로써 세계에 등장시키고 정작 인간인 자신은 물질화되기를 지향함으로써 투명해졌다.

자유에 대한 갈망을 포기함으로써 불안도 제거시켜버린 자코메티는 그러나 고독만은 끝내 어찌할 수 없었다. 지독하게 고독했던 존재 자코메티를 노란색으로 덮어씌워 그림으로 만들었다.

► 54×78cm, 종이에 아크릴 물감, 2013

그래도 사람이다

그래도 사람이다.

자연을 그리다가, 사람을 그리다가, 꽃병을 그리다가 결국은 그것들 모두를 뭉개버리고 해독하기 어려운 무엇을 그려놓고 추상화라 이름 붙인 것도 결국은 사람이다. 소설 중심에도 늘 사람이 있듯이 그림 역시 제아무리 추상적으로 그려놓았다 하더라도 그것을 그린 사람의 마음이 느껴진다. 그래서 나는 아예 노골적으로 사람을 그리는 것에 가장 매료된다.

춤추는 사람, 서 있는 사람, 텅 빈 채 허공을 응시하는 사람, 특징 없는 것이 특징인 사람, 문밖에서 서성거리는 사람, 너와 나 속의 쾌활한 광기, 겹겹의 마음에 갇혀 있는 사람, 아무리 슬퍼도 울지 않는 사람, 세상에서 제일 착한 사람, 한 사람 두 사람 혹은 여러 사람……

사람을 그린 그림은 그 대상이 사람이라는 것만으로도 흡입력이 강할 수 있다. 그렇다고 그리기가 쉬운 것은 아니다. 어쩌면 흔해빠진 것일 수도 있는 사람. 그림이 보는 이의 시선을 또는 마음을 끌어당기려면 어떤 여운이 필요하다. 그런 여운은 그리는 사람의 내면으로부터 나온다. 허수아비처럼 무미건조하게 서 있는 사람을 그려놓아도 거기에는 그린 사람의 심상이 묻어있다. 그러니까 무엇을 그려도 그것은 그린 사람 자신인 것이다.

아직도 사람이 궁금한 나에게 가장 중요한 것은 그래도 사람이다.

► 18×26cm, 캔버스에 아크릴 물감, 2017

특징 없는 것이 특징인 아이를 찾습니다

4월 어느 토요일이었다.

정해진 일정이 없는 날이라 어슬렁거리는 심정으로 아침 커피를 준비하는데 뜯지 않은 종이봉투가 눈에 띄었다. 제19대 대통령 선거 홍보물이 든 봉투였는데 봉투 뒷면에 인쇄된 사진들이 눈에 들어왔다. 초록우산어린이재단에서 실종 아동들을 가족 품으로 돌아갈 수 있게 하자는 취지로 열 명의 아이들 사진을 인쇄해놓은 것이었다. 실종일자는 1960년에서 1970년 사이였고 당시 만 4~5세 정도였던 아이들이었다.

각 사진 옆에는 아이 이름과 당시 나이, 실종일자, 실종 장소, 아이의 특징이 적혀 있었다. 아이의 특징을 적어놓은 내용 중에는 실종당시 키가 95cm이고 체중이 11kg이었다는 내용도 있었고, 흰색 고무신에 빨간색 셔츠와 곤색 바지를 입고 있었다는 내용도 있었다. 왼쪽 발바닥에 붉은 반점이 있다거나 발등에 불에 덴 흉터가 있다는 내용, 혹은 팔을 앞으로 쭉 펴면 몸이 뒤로 약간 넘어간 모양이 되는 것이 아이의 특징이라는 내용도 있었다. 머리카락이 검은색이고 얼굴이 계란형이라는 특징 같지 않은 특징도 특징이라고 적어놓은 것에 반해, 한 여자아이는 특징 없음이 특징이라고 적혀 있었다.

내가 쓴 장편소설 『아직 집에 가고 싶지 않다』는 선글라스를 낀 노숙자를 보고 영감을 얻어 쓴 것이다. 선글라스 낀 노숙자를 모티브로 이백 페이지가 넘는 긴 소설을 썼는데, 실종된 아이들 이야기를 10호도 안 되는 작은 그림에 담기에는 아쉬운 점이 너무 많았다. 긴 이야기가 아닌 한 컷의 그림만으로 감히 그들의 아픔을 짐작해보려고 한 나에 대한 질책은 나의 또 다른 숙제로 남겨둘 수밖에 없다.

► 24×53cm, 종이에 아크릴 물감, 2013

쾌활한 광기

「쾌활한 광기」라는 제목의 이 그림은 내가 발표한 첫 번째 장편소설을 그림으로 표현한 것이다. 『쾌활한 광기』는 1997년 여름에 출간한 장편소설인데 오랜 세월이 흐른 지금도 여전히 나에게 유효한 내용이다. 광기란, 신이 인간에게 슬그머니 가르쳐준 비상의 의미를 유일하게 기억하는 인간들의 몸짓이라는 글의 메시지에 지금도 동의하기 때문이다.

자칫 위험하게 여겨질 수도 있는 이 주장에 대한 부연 설명은 소설 『쾌활한 광기』에 쓴 작가의 말 중 일부를 발췌해 소개함으로써 대신하려고 한다.

> 소리치고 싶었다. 더 이상 작아지고 가벼워지기 전에. 그리고, 도저히 어찌해 볼 수 없는 마지막 위기의 순간에 그나마 꿈틀거리던 본능이 기어코 내지르고야 말 비명에 짓눌려버리기 전에.
>
> 완고하게 버티고 있는 하늘의 막을 단숨에 뚫고 올라가 도도한 신의 귀를 살짝 건드려보던 도발의 기억을 오래 간직하고 있었다. 그리하여 나는 감금당한 열정과 부서진 희망들에게 차라리 배반과 광기를 택하라고 은밀하게 속삭였다.
>
> 완전한 자유를 꿈꾸는 길들여지지 않은 영혼의 쾌활함과, 타협의 치욕에 때 묻지 않은 거친 광기를 위하여 랄라!

► 130×130cm, 캔버스에 아크릴, 2017

20

내 눈에만 보이는 그림

춤추는 사람 둘을 그렸다. 서로 등을 돌린 채 뭔가를 향해 달려가듯 춤을 추는 두 사람은 같은 무대 위에서 춤을 추고 있지만 영원히 만날 수가 없다. 지구라는 무대에서 각자 나름대로 춤을 추면서 살아가는 우리는 서로에게 영원한 타인인 채 살아가고 있다. 너와 내가 지향하는 그것 혹은 그곳이 설사 같다하더라고 우리는 끝내 그것을 알지 못한다.

이런 생각들을 그리고 싶어 100호 크기의 캔버스에, 등을 돌린 채 춤추는 두 사람을 그렸다. 그러나 내가 전달하고 싶은 메시지를 지나치게 노골적으로 표현하고 싶지는 않았다. 화가와 관람자가 숨바꼭질을 하듯이 그림 속에 그림을 감추고 싶었다.

바탕색도 칠하지 않은 하얀색 캔버스 위에서 벌거벗은 채 춤을 추고 있는 두 사람을 감추기 위해 나는 가능한 한 산만하게 그러나 불편해 보이지 않게, 아니 더러 불편해 보이도록 붓질을 하기 시작했다.

처음에 두 사람을 그렸고, 그 둘을 감추기 위해 붓질을 한 흔적들이 모여 또 하나의 그림이 되었다. 그림을 볼 때 분명한 메시지를 무엇보다 중요하게 생각하는 누군가가 이게 낙서지 그림이냐며 시비를 걸 수도 있는 그림이다. 그래도 나는 그들이 발견하지 못한 춤추는 두 사람에 대해 알려주지 않을 작정이다. 대신, 세상의 비밀을 풀 수 있는 열쇠가 세상에 있듯이 그림에 숨겨진 메시지를 발견할 수 있는 힌트 역시 그림 속에 있다고 말해줄 것이다.

► 33×53cm, 캔버스에 아크릴 물감, 2017

엄마1

몰라.

아흔 살이 된 엄마가 가장 많이 했던 말이다. 자신이 누군지도 모르는 엄마는 뭘 물어봐도 모른다고 대답했다. 치매에 걸려 아무것도 모르는 엄마에게 남은 것은 약간의 수줍음 정도였다. 2017년 1월, 해운대 어느 요양병원의 커다란 창을 통해 해운대 바닷가를 망연히 바라본 것이 엄마와 함께한 마지막 순간이었다. 그때로부터 두 달 후인 3월에 엄마가 돌아가셨던 것이다. 2017년 가을 어느 날, 엄마가 살아계실 때 썼던 메모 하나가 발견되었다. 해운대 새벽풍경과 내가 기억하는 엄마의 일생 등에 관한 메모였다. 2017년 3월, 엄마가 돌아가셨을 때는 흐르지 않던 눈물이 그 메모를 보면서 솟구쳤다. 도무지 실감나지 않던 엄마의 죽음이 눈물과 함께 비로소 받아들여졌다.

이 그림은 돌아가신 엄마를 떠올리며 그린 그림이다. 내가 기억하는 엄마는 의외로 다양한 모습이었다. 어릴 때 알던 엄마는 말 그대로 엄마일 뿐이었다. 그런데 내가 나이를 먹으면서 보게 된 엄마는 엄마이기 전에 한 인간이었다. 엄마는 주로 당당했고 거침이 없었으며 자신의 욕망 앞에서 솔직한 사람이었다. 그리고, 생의 마지막 외로움 앞에서 어쩔 줄 몰라 하던 엄마를 지켜볼 수밖에 없었던 것은 내 가슴 속에 영원한 죄책감으로 남았다.

돌아가셨지만 내 마음에 영원히 살아 있는 엄마를 이렇게밖에 표현할 수 없는 내 그림 실력에 좌절감을 느끼게 한 이 그림은 그럼에도 불구하고 제목이 엄마다.

► 33×53cm, 캔버스에 아크릴 물감, 2017

24

자화상

이 그림을 그리게 된 것은 턱 밑에 난 뾰루지 때문이었다. 세수를 할 때마다 손끝에 닿는 뾰루지가 신경 쓰여 아예 짜버릴 요량으로 거울 앞에 섰다. 거울을 처음 보는 것도 아닌데 그 날 따라 거울 속 내 얼굴이 처음 보는 것처럼 낯설게 마음을 건드렸다. 내가 이렇게 생겼구나, 하는 심정으로 거울 속 얼굴을 찬찬히 들여다보다가 도무지 나 같지 않은 내 얼굴을 한번 그려볼까 하는 생각이 불현듯 들었다. 그림을 그리기 위해 찬찬히 살펴본 내 얼굴은 한마디로 실망스러웠다. 얼굴선은 울퉁불퉁했고 반쯤 쌍꺼풀진 양쪽 눈은 이상하게 짝짝이로 찌그러져 있었다. 낮고 펑퍼짐한 코에는 언제 그랬는지 기억나지 않는 상처의 잔해들이 군데군데 있었다. 특히 입은 아무리 보아도 내 것 같지 않았다. 웃거나 입을 앙다물 때만 정체를 드러낸다 생각했던 보조개가 아예 주름이 되어 흔적을 남기고 있는 것도 처음 발견한 모습이었다. 언제부터 그 자리에 있었는지 알 수 없는 크고 작은 점들도 낯설긴 매한가지였다. 유일하게 낯익은 것은 머리카락, 아니 헤어스타일이었다. 그러고 보니, 얼굴형과 눈 코 입은 내 의지로 만들어진 것이 아니지만 헤어스타일은 분명한 의도를 가지고 내가 디자인한 거였다.

내 얼굴에 대한 적나라한 해부는 약간 낯선 경험이긴 했지만 그것에 대해 특별히 어떤 감정이 생기거나 하지는 않았다. 그냥 무덤덤하게 받아들여졌다. 이러면 어떻고 저러면 어떤가 싶었던 것이다. 소위 자화상이라 이름 붙인 이 그림은 그런 마음으로 그렸다. 개성이나 정체성 같은 것이 전혀 엿보이지 않는 이 자화상은 그러므로 나라고 해도 상관없고 내가 아니라고 해도 상관없다. 단지 나는 이 그림을 그리면서 나를 처음 보았다.

► 21×30cm, 종이에 아크릴 물감, 2014

한 여자 1

한 여자를 그렸다.

웃지 않던 그녀가 언제부턴가 자꾸 웃었다. 가슴 아팠던 이야기를 하면서도 웃고, 우스울 거라곤 없는 시시콜콜한 일상을 이야기하면서도 웃었다. 그녀의 웃음에는 냉소가 없었지만 그녀가 웃으면 웃을수록 내게서 멀어지는 느낌이 들었다. 혹시 좋은 일이라도 있는 거냐며 물으려고 하다가 나는 서둘러 질문을 삼켰다. 현실적인 이유 때문에 그녀가 웃는 게 아니라는 직감이 질문을 하기 직전에 나를 일깨웠던 것이다. 그러나, 이해할 수 없는 그녀의 웃음 앞에서 나는 막막해지지 않을 수 없었다.

아주 조금만 사는 것 같던 그녀가 뭔가 달라졌다고 느낀 것은 그녀의 웃음을 눈치 채면서부터였다. 작고 마른 건 여전했지만 왠지 그녀가 크게 여겨졌다. 담담하고 당당해진 것 같기도 했다. 열정을 훌쩍 넘어선 어떤 기운이 엿보이는 것 같기도 했다. 많은 걸 하고 있는 것 같은데 아무것도 하지 않는 사람처럼 구는 능청스러움은 전에 없던 여유임에 분명해 보였다.

그녀를 달라지게 한 그것이 무엇인지 끝내 짐작하지 못한 상태에서 나는 그녀를 그렸다. 그러므로 내가 그린 그녀는 그녀가 아닐 수도 있다. 그녀에게 없는 모습을 일방적으로 보탰을 수도 있고, 분명히 그렸어야 할 그녀의 중요한 특징을 미처 파악하지 못하고 빠뜨렸을 수도 있다. 그래도 어쩔 수 없다. 어쨌든 나는 그녀를 그리고 싶었다.

► 21×30cm, 종이에 아크릴 물감, 2017

한 여자 2

혼자다.

그녀를 떠올리면 드는 생각이다. 그녀는 늘 혼자다. 말하는 방식 또한 마치 책을 읽는 것 같아서 그녀는 누군가와 함께 있어도 혼자인 것 같았다.

왜 울었는지 모르겠어. 라디오에서 동심초라는 제목의 노래가 흘러나오고 있었고 나는 식탁 의자에 앉아 어느 시인의 산문집에 등장하는 독구라는 개에 관한 글을 읽고 있었거든.

이런 식이었다. 앞에 있는 상대를 향해 말하면서도 시선은 허공에 가 있는 그녀는 말을 할 때 한쪽 팔을 탁자에 괴는 버릇이 있었다.

나름대로 열심히 사는 것 같았고, 간혹 게으름을 피우는 것은 그녀가 자신에게 허락하는 유일한 쾌락인 것 같았다. 보라색 원피스를 입은 모습을 한번도 본 적이 없는데 보라색 원피스를 입은 모습으로 그녀를 그린 이유가 뭔지 모르겠다. 바지와 티셔츠 혹은 남방셔츠를 주로 입었고, 가끔 긴 치마를 입기도 했는데 그녀가 입은 옷들의 색깔은 거의가 검정 아니면 회색이었다. 그런데도 나는 그녀를 화사한 이미지로 떠올린다. 아직 빛을 잃지 않은 것 같은 그녀는 내 마음속에서 언제나 환하다.

보라색 원피스를 입은, 머리카락이 하늘로 향하는 여자를 그녀가 보게 되었을 때 그녀는 그림속의 여자가 바로 자기 자신이라는 사실을 꿈에도 눈치 채지 못할 것이다.

► 21×30cm, 종이에 아크릴 물감, 2014

한 남자 1

그의 등이 굽었다. 구부러진 등 안에 그의 삶이 다 들어 있다. 어쩔 수 없었던, 스스로 그렇게 만든, 해결해야 할 일들이 늘 산더미처럼 쌓여 있는, 가끔 홀가분해졌던 순간에도 또 다른 염려가 눈앞에 기다리고 있는, 유보시켜 놓은 내일의 희망조차 책임이 되어버린, 무엇이 스쳐지나갔는지도 모른 채 겪은……

이미 딱딱한 덩어리가 되어버린 그의 등을 원래 상태로 되돌리기란 불가능할 것이다. 이미 지나가버린 과거의 순간들을 어떻게 해볼 도리가 없듯이.

등이 굽은 남자를 그리면서 슬픔과 연민만 느낀 게 아니었다. 등이 구부러지고 휘어지도록 꾸역꾸역 살아낸 그의 삶에 대한 일말의 존중도 분명히 있었다.

남자는 자신의 등이 그토록 심하게 굽어 있는 것을 모른 채 살고 있을 것이다. 다른 사람들은 다 아는 내 뒷모습을 나만 모르고 살아가고 있듯이. 만약 그가 자신의 등을 볼 수 있었다면 그렇게 등이 굽어지도록 내버려두지는 않았을지도 모른다.

뒷모습이 아닌 옆모습을 그려놓고 보니 굽은 등이 더 굽어져 보인다.

► 21×30cm, 종이에 아크릴 물감, 2014

한 남자 2

도무지 정체를 알 수 없는 한 남자가 있다. 아무것도 모르는 것 같다 싶은데 다 아는 듯하고, 마냥 해맑은 것 같은데 뭔가 감추고 있는 게 많은 사람 같기도 하고, 지나치게 겸손하고 예의바른 행동에도 불구하고 얼핏얼핏 의구심을 불러일으키는 어떤 교만이 엿보이고, 주로 겁먹은 것 같은데 어느 순간 말도 안 되게 담대하고, 중간을 몰라 한쪽으로만 치우쳐 있다 생각할라치면 어느새 덤덤한 모습으로 가운데에 가 있고, 화라는 것을 낼 줄 모르는 사람인 줄 알았는데 불같이 화를 내기도 하고, 아무튼 엉뚱하다는 한마디 말로는 결코 요약할 수 없는 그런 남자가 있다.

한 사람의 정체성을 간단하게 정리해서 이해하고 싶은 것은 이기적인 마음 때문일 것이다. 정체가 분명하지 않은 사람보다 정체가 분명한 사람을 상대하기가 더 쉽다. 어떤 상황에서 주로 그렇게 행동하는 사람에 대해서는 깊이 연구할 필요가 없지만 어디로 튈지 모르는 사람을 상대하려면 매순간 골머리를 썩여야 한다. 그러나 실제로 사람은 대부분의 경우, 한마디로 그 사람을 정의하기가 어렵다. 오래 함께 살아도 다 알기 어려운 것이 사람이다. 그러니까 결론은, 매순간 변하고 있는 사람의 정체를 파악하기란 불가능한 일이라는 것이다. 그렇다면, 그림으로 표현된 이 남자 또한 특별히 이상할 게 없는 평범한 사람일 것이다. 그런데도 나는 자꾸 이 남자의 정체에 대해, 아니 정체성에 대해 생각하게 된다.

그는 도대체 어떤 사람일까?

► 26×82cm,종이에 아크릴 물감, 2016

그녀

오래 못 본 지인의 소식을 다른 사람을 통해 들었다. 소식을 전한 자의 말에 의하면 그녀가 많이 변했다고 한다. 술이면 술, 노래면 노래, 심지어 음담패설까지 종횡무진 좌중을 압도한다고 한다. 나이에 비해 순수해 소녀 같던 그녀의 예전 모습을 아는 사람이라면 누구나 그녀가 변했다고 느낄 만한 이야기다. 그러나 순수하면서도, 아니 순수해서 오히려 거침없던 그녀의 면면을 일찍이 엿본 나는 그녀의 변화가 낯설지 않다. 마음만 먹으면 사람들을 더 놀라게 할 만한 행동도 얼마든지 할 수 있을 것이다, 그녀는.

함께한 모임에서 상처받고 우리 곁을 떠난 그녀는 그녀가 상처 입은 이유를 나에게 말해주었다. 그녀에게 상처 입힌 자에 대한 실망에도 불구하고 여전히 그 모임에 나가는 나에게도 실망한 그녀는 나와의 연락도 끊었다. 나이를 먹다보면 누구나 사람에게서 입은 상처가 생기게 마련이다. 그 상처는 치명적인 독이 될 수도 있고 나를 성장시키는 약이 될 수도 있다. 그녀의 변한 모습 또한 많은 사람을 유쾌하게 압도하는 긍정적인 변화일 수도 있고 자칫 선을 넘을지도 모를 불안한 모습일 수도 있다. 그녀의 상처가 독이 되었는지 약이 되었는지 그녀를 직접 보지 못한 나로서는 알 길이 없다. 말을 전한 자는 그녀의 타락을 염려했지만 설사 타락했다 하더라도 나는 그녀를 믿는다. 아니 이해한다. 그녀를 웬만큼 알기에 그 정도 타락(?)은 애교로 봐줘도 된다는 생각이다. 깨끗하기만 했던 그녀가 약간 때 묻고 나면, 거짓과 위선에 대해 가차 없이 단호할 수만은 없었던 나에게 다시 마음의 문을 열지도 모를 일이니까. 이 그림은 그녀를 생각하면서 그린 그림이다.

► 33×53cm, 캔버스에 아크릴 물감, 2017

두 남자

오후 4시 59분 출발 부산행 ktx를 탈 예정인 두 남자가 출발시각 10분 전에 내가 식사를 하고 있던 역내 분식집 안으로 들어왔다. 김밥을 싸가기도 빠듯한 판인데 김치볶음밥을 주문한 게 화근이었다. 둘 중 좀 말라 보이는 남자는 주문하기가 무섭게 재촉하기 시작했다. 십 분 후 출발하는 열차를 타야 하니 빨리 대충해서 달라는 거였다. 아무리 빨리 요리를 한다 해도 족히 오 분은 걸릴 것이고, 뜨거운 볶음밥을 먹는 데도 오 분으로는 부족할 것이다. 물론, 먹던 중 숟가락을 놓고 뛰어가면 기차를 놓치진 않을 것이다. 그런데 성질이 느긋해 보이는 다른 남자 왈, 안되면 다음 열차 타면 되지 뭐, 했다. 검암역에서 부산행ktx 다음 열차를 타려면 족히 두 시간은 기다려야 할 것이다. 그즈음 이미 식사를 끝냈음에도 나는 자리에서 일어나지 않고 잠시 망설였다. 두 남자가 4시 59분 출발 열차를 탈 수 있을지 어떨지 확인하고 싶은 호기심 때문이었다. 하지만 나 역시 약속시간이 빠듯해 서둘러야 할 형편이었기 때문에 아쉬운 마음을 뒤로 한 채 식당 문을 나서지 않을 수 없었다.

식당 문을 나서면서 나는 상상하기 시작했다. 둘 다 양복을 차려입긴 했지만 허름해 보였던 60대 중반의 두 남자는 친구 사이라고 하기에는 한 쪽이 다른 한 쪽에게 지나치게 무례했다. 서로 말을 놓는 걸로 봐선 직장 상사와 직원도 아닌 듯했다. 또 그들의 볼일은 무엇이기에 두 시간 후 출발하는 기차를 타도 상관없는 것일까? 전에 같으면 곧바로 소설쓰기로 이어졌을 상상이 그림으로 그려졌다.

► 33×53cm, 캔버스에 아크릴 물감, 2017

청라밥집

청라밥집은 가정식 백반집이다. 한 끼에 오천 원인데 꽤 맛있다. 인근 공사장에서 일하는 아저씨들과 다양한 종류의 직장인이 와서 점심을 먹는데, 유모차에 애기를 태운 애기엄마도 가끔 온다. 애기엄마는 오천 원 내고 아이의 식사까지 해결하지만 마음씨 좋은 주인은 아무 말도 하지 않는다. 뷔페식인 청라밥집에는 두 가지 식판이 있다. 하나는 국과 밥 그리고 반찬을 따로 담을 수 있는 칸이 구분되어 있는 군대용 식판이고, 다른 하나는 크기가 좀 크고 둥근 플라스틱 접시다.

공사장에서 일하는 아저씨들은 주로 이 플라스틱 접시를 사용했다. 만찬을 즐기는 따위와는 거리가 먼 아저씨들은, 둥근 플라스틱 접시에 담아온 밥과 반찬을 모두 섞어 순식간에 먹어치움으로써 한 끼를 해결하곤 했다. 입가심으로 마시는 소주 역시 소주잔이 아닌 물 컵에 따라 단숨에 마셔버렸다. 밥 먹는 데에도 욕심이 없는 그들은 아마도 가진 게 별로 없을 것 같았다.

밥을 대하는 태도는 사람마다 제각각이다. 맛있는 것만 찾는, 딴 생각하느라 음식이 짠지 단지 전혀 느끼지 못하는, 혼자서는 밥을 못 먹는……

그런데 청라밥집에 와서 식사하는 공사장 아저씨들의 밥 먹는 모습은 대체로 비슷했다. 그들은 먹기 위해서 사는 사람이 아니라 오로지 살기 위해서 먹는다는 점에서 똑같아 보였다. 그래서 그런지 내 머릿속에 그들은 여럿이 아니라 하나의 모습으로 각인되어 있다. 땡볕에 그을려서 시커먼 얼굴은 굵은 주름으로 깊게 패여 있었고 표정이 아예 사라진 모습이었다. 한 사람이면서 동시에 여러 사람인 그를, 혹은 그들을 이렇게 그렸다.

► 33×53cm, 캔버스에 아크릴 물감, 2017

황진이

궁금했다.

북아현동 큰길가에 십오 년이 넘도록 자리를 지키고 있는 그 가게가. 간판에 적힌 상호는 황진이였다. 분홍색 바탕에 흰색 궁서체가 오른쪽으로 비스듬히 누워 있는 간판에는 십오 년도 더 되었을 것 같은 먼지가 까맣게 덮여 있었다. 주로 닫혀 있는 셔터 문 안에서 파는 것이 도대체 무엇일까, 보다 번화한 그곳에서 이웃가게들이 경기 일으키며 싫어할만큼 칙칙한 외관을 고수한 채 지금까지 버티며 있을 수 있는 비결이 더 궁금했다. 사연을 몰라야 구경꾼이 될 수 있다는 사실을 알면서도 또 사연을 궁금해하는 누를 범했다.

늘 욕망에 사로잡혀 있던 한 남자가 표정 없는 표정으로 황진이의 셔터 문 옆 쪽문을 열고 안에서 걸어 나오던 모습을 보았다. 오백 년 전에 죽은 황진이가, 셔터 문 안에 사는 한 여자를 통해 어떤 모습으로 부활했던 것인지 남자의 표정만으로는 도저히 알 수 없었다. 문 밖을 나선 지 일 분도 안 돼 어디로 갔는지 사라져 버리고 없는 남자의 사연은 궁금하지 않은데 얼굴을 본 적이 없는 가게 안 여자의 사연은 몹시 궁금했다. 사연을 모르기에 상상은 더 뜨거워졌고 그 뜨거움이 식어버리기 전에 이 그림을 그렸다.

► 26×50cm, 종이에 아크릴 물감, 2013

어떻게 밖으로 나갈까

장편소설『아직 집에 가고 싶지 않다』를 발표하고 나서 만난 한 친구가, 소설 제목이 자기 마음과 똑같다며 한숨을 내쉬었다. 그 말을 들은 나는 자칫 친구가 불쾌할 정도로 크게 소리를 내며 웃었다. 나도 모르게 터져 나온 웃음이었다. 무엇 때문인지 집 밖으로 나오기를 꺼려하며 주로 집에만 있는 친구가 그렇게 말하는 속뜻을 짐작하지 못한 바는 아니었지만 그래도 우스웠다.

이 그림은 늘 집에 있으면서 아직 집에 가고 싶지 않은 마음으로 살고 있는 그 친구를 생각하며 그린 그림이다. 아직 집에 가고 싶지 않은데 오히려 집안에 갇혀버리고 만 친구를 그리고 나서 그림 제목에 대해 잠시 고민했다. 아직 집에 가고 싶지 않다를 제목으로 정할 경우에는 약간의 설명이 필요하지만 어떻게 밖으로 나갈까라는 제목은 따로 설명이 필요 없을 것 같아 그렇게 정했다.

『어떻게 밖으로 나갈까』는 김승희 시인의 시집 제목이다. 김승희 시인에게 안은 폐쇄된 코스모스며 제도화된 욕망이다. 그러므로 시인은 어떻게 밖으로 나갈 것인가를 늘 고민했던 것 같다. 김승희 시인이 나가기를 갈망하는 바깥과, 내가 언젠가는 돌아가야 할 곳으로 상징하는 집은 어쩌면 같을 수도 있다.

아직은 가고 싶지 않지만 결국은 돌아가야 할 집은 온전한 자유를 의미한다. 그러나 우리는 그것을 갈구하면서도 스스로 차단하고 외면한다. 언젠가는 갈 거지만 아직은 가고 싶지 않은, 딱 그만큼의 어리석음 때문에 안에서는 갇히고 밖에서는 방황하는 것이다.

► 33×53cm, 캔버스에 아크릴 물감, 2017

멋진(?) 사내

멋진 사내가 되고 싶어서. 그렇게 말한 남자가 있다. 그 남자는 자신이 추구하는 모든 것의 귀결이 바로 멋진 사내가 되는 데 있다고 말했다. 그런데 멋진 사내란 어떤 사내일까?

이 그림은 멋진 사내가 되고 싶다고 말했던 그 남자 말이 계기가 되어 그린 그림이다. 그러나 그 남자를 그린 것은 아니다. 그 남자의 말을 듣고 내가 생각해본 멋진 사내를 떠올리며 그린 그림이다. 아니, 그것도 아니다. 아무리 생각해봐도 멋진 사내의 이미지가 뚜렷하게 잡히지 않았다. 남자 혹은 여자 아니 남자 여자 통털어 인간에 대해 생각할 때 나는 멋지다는 개념으로 뭘 생각해본 적이 별로 없었던 것이다. 그렇다 보니 멋진 사내를 그린다는 것은 나로서는 애초에 불가능한 일이었다.

멋진 인간에 대해서는 따로 생각해보지 않았지만 인간이라면 적어도 이 정도는 되어야 한다는 생각은 늘 하고 살았다.

정직하고 뚜렷한, 잡스럽지 않은, 자신이 지금 무슨 짓을 하고 있는지 정도는 아는, 비겁하지 않은, 지나치지도 부족하지도 않은, 게으르지 않은, 넘보지 않는, 집착하지 않는, 분노할 때는 분노할 줄 아는, 남도 태우고 자신도 태워버리는 위험한 화를 자제할 줄 아는, 어쩔 수 없는 권태와 허무는 슬쩍 감추고 사는……

그러므로 이 그림은 멋진 사내를 그린 것이라기보다는 아직 미완성인, 남자도 여자도 아닌, 멋진(?) 사람이 되기를 바라는 그런 사람을 그린 것이라고 말할 수 있다.

► 33×53cm, 캔버스에 아크릴 물감, 2017

간단한 결심

이유가 있었다. 착한 여자는 나쁜 남자를 만난다는 속설을 깨고 착한 그녀가 사기보다 더 착한 남자를 만나 결혼한 데는 이유가 있었다. 간단하지만 뚜렷하고 완고했던 그녀의 어떤 결심이 바로 그 이유였다.

여고시절, 결혼에 대한 환상으로 부풀어 있었던 그때 그녀는 한 여자의 고백을 우연히 엿듣게 되었다. 그날 몸이 안 좋아 학교 양호실에서 혼수상태로 잠들어 있던 중 익숙한 목소리의 여인이 흐느끼는 소리를 듣고 잠에서 깨어나게 되었는데, 서럽게 흐느낀 장본인은 그녀가 다니던 학교의 역사 선생이었다. 파리한 낯빛에 왠지 우울해 보여 그 선생을 볼 때마다 연민을 느끼던 차에 선생이 흐느끼는 소리를 듣게 된 그녀는 잠결에도 귀를 기울이지 않을 수 없었다. 양호실에 붙박이로 있는 양호선생에게 자기 처지를 털어놓는 여선생의 사연은 들으면 들을수록 기가 막혔다. 결혼하자마자 실직자가 된 남편은 게으른데다 성질도 난폭했고, 허구한 날 술타령을 하며 선생에게 이유 없이 폭행을 휘두르기 일쑤라는 거였다. 하지만 어린 자식들 때문에 이러지도 저러지도 못하고 울기만 하는 여선생의 울음소리를 들으면서 그녀는 결심했다고 한다. 무조건 착한 남자와 결혼할 것이라는 그녀의 결심은 단호하고 단호해 결혼 전 만나게 된 남자 중 조금이라도 성정이 나빠 보이면 두 번 다시 만나지 않았다는 것이다. 그 결과, 세상에서 제일 착한 남자와 결혼한 그녀는 결혼한 지 삼십 년이 되도록 남편과 한 번도 다투지 않고 잘 살고 있다.

착한 남자와 결혼하겠다는 결심은 그녀가 태어나서 처음이자 마지막으로 한 간단한 결심이었지만 최고로 잘한 결심이기도 했다. 착해서 손해만 보고 살면서도 웃음을 잃지 않는 그녀와 그녀의 남편을 생각하며 이 그림을 그렸다.

이야기가 있는 그림

해바라기와 하얀색 성당, 터키의 창문과 코스모스, 세계에서 가장 일찍 문 여는 가게, 그리고 새를 그렸다. 이야기가 없어도 상관없을 그림에 굳이 이야기를 보탰다. 그림에 덧붙인 이야기가 사족이 아니라 덤이 되기를 바랄 뿐이다. ►

► 20×20cm, 캔버스에 혼합재료, 2017

마티스

마티스를 찢었다. 마티스의 색을 찢었고, 마티스가 그린 줌을 찢었다. 왜 마티스를? 왜 찢었을까?

세밀한 관찰보다는 느낌을 중요하게 생각했던 마티스가 그린 그림의 순간들은 강렬하게 정지되어 있다. 스스로를 탐구할 줄 알고 자신의 직관을 믿을 줄 알았던 마티스가 포착한 세상의 한순간은 주로 강렬했다. 강렬했던만큼 오래 간직하고 싶었을 그 순간들을 그림으로 그려 완벽하게 정지시킴으로써 마티스는 순간을 영원으로 남겼다.

구체적인 사물과 상관없이 색 자체도 하나의 대상으로 본 마티스는 색의 아름다움을 극대화시키는 색채의 마술사가 되었다. 그래서 마티스가 그린 꽃과 사람은 꽃이고 사람인 동시에 색 덩어리이다. 광포한 빛이 빚어내는 현란한 빛의 세계에 끝까지 탐닉했던 세잔을 사랑했지만 차라리 빛을 다스리는 쪽을 택했던 마티스가 그린 그림속 대상은 모두 동등하다. 어느 색 하나도 희생시키지 않고 모든 색을 다 강조한 마티스가 그린 세계는 얼핏 비현실적으로 보이지만 지극히 사실적이다. 외부세계와 내부세계의 결합을 끊임없이 꿈꾸었던 마티스는 모든 것이 하나이며 하나가 모든 것이라는 세상의 비밀을 어쩌면 알고 있는 사람이었을지도 모른다.

마티스의 그림을 찢어서 해체시킴으로써 마티스를, 그리고 마티스가 정지시켜 놓은 그 순간을 다시 부활시키고 싶었다. 1906년 5월 어느날, 모든 것을 갈기갈기 찢어 그림을 그리겠다고 선언한 마티스에게 이 그림을 바치고 싶다.

► 54×80cm, 종이에 아크릴 물감, 2013

블랙

나에게 블랙은 색 이전의 색이다. 좋아하는 색이 뭐냐고 누군가 물었을 때 한 번도 블랙을 다른 색에 포함시켜 생각해본 적이 없다. 그린이나 레드 등은 분명한 색깔을 가진 하나의 색이었지만 내 머릿속에서 블랙은 여러 색 중 하나가 아니었다. 그러니까 블랙은 알록달록한 색깔에 포함되지 않는 별도의 색이었다.

그림을 그리게 되면서 제일 먼저 쓰게 된 색이 블랙이었다. 왜 블랙에 끌리게 된 것인지는 잘 모르겠다. 옷장속 옷의 칠팔십 퍼센트가 블랙인 이유를 밝힐 수 없는 것과 같은 맥락이다. 블랙 시리즈를 한창 그릴 때는 하얀색 캔버스에 검은 색 점 하나를 찍은 것만으로도 마음이 설레고 흥분될 정도로 블랙은 매혹적이었다. 도도한 블랙의 매력은 간결하면서도 깊었다. 선 하나를 그은 것만으로도 그림이 되는 것이 블랙의 세계였다. 블랙 자체의 에너지가 너무 강했기 때문에 나는 블랙 시리즈를 그리면서 항상 생각보다 일찍 그림을 끝내야 했다. 블랙은, 내가 생각했던 그림을 다 그리기도 전에 스스로 완전해짐으로써 더 이상의 붓질을 허용하지 않는 경우가 많았다. 블랙 시리즈를 그리면서 절제를 배울 수 있었다. 처음 그림을 시작한 나에게 블랙이 요구하는 절제의 미학은 때로 가혹했지만 그래도 나는 블랙의 매력에 한참 동안 빠져 있었다. 이 그림은 그때 그린 블랙 시리즈 중 하나다. 이 그림을 그리면서 나는 블랙 시리즈의 다른 어떤 그림을 그릴 때보다 더 블랙을 자제하면서 그렸다. 그런데도 블랙은 아주 조금 사용한 것만으로도 힘이 넘쳐, 키가 작은 나무를 그렸는데 그려놓고 보니 세상에서 제일 큰 나무가 되었다.

► 33×53cm, 캔버스에 아크릴 물감, 2017

꿈에서 본 문을 그리다

꿈을 그리는 화가가 소설가인 나에게 꿈을 그리는 대신 적어보라고 했다.

어느 날 밤, 나무로 지은 근사한 집과 몇몇 사람들과 한 칸짜리 환한 방, 그리고 분명히 엄마가 그곳에 있었는데 그 모습을 뚜렷하게 본 것 같지는 않은 그런 꿈을 꾸었다.나무로 지은 근사한 집 주변에는 많은 사람들이 그 집을 부러워하며 모여 있었는데 나는 어쩐지 그 집이 기괴해 보여 서둘러 한 칸짜리 내 방으로 돌아왔다. 한 칸짜리 내 방은 무척 환하고 따뜻해 이 세상으로부터 나를 보호해줄 유일한 공간 같았다. 그 방 앞에서 엄마를, 아니 엄마의 목소리를 만난 것 같기도 하다. 잘 아는 친구가 맞은편에서 걸어오고 있었는데 그 친구와 나는 똑같은 마음으로 서로를 그냥 지나쳤다. 그런데 갑자기 마음을 바꿔 돌아선 친구가 세상 누구보다도 친숙하고 따뜻하게 내 등을 두드리며 안부를 물었다.

꿈은 이처럼 앞뒤 맥락이 맞지 않다. 그날 밤 꿈도 그랬다. 나무로 지은 근사한 집과 엄마, 그리고 느닷없이 등장한 친구는 모두 짧은 내 꿈속에 한꺼번에 등장한 장면들이지만 서로 아무런 연관성도 없었다. 꿈에서 깨어났을 때 제일 먼저 떠올린 것은 문이다. 공허하기도 하고 어쩐지 슬프기도 한 마음의 느낌과 더불어 어떤 문의 이미지가 뚜렷이 머릿속에 떠올랐던 것이다.

이 그림의 문은 그날 밤 꿈에서 본, 이야기로는 잘 엮어지지 않는, 그러나 선명하게 기억에는 남아 있는 이미지 중 하나이다. 어쩌면 꿈에서 본, 나무로 지어진 집의 창문일지도 모르겠다.

► 45×45cm, 아크릴 물감, 2017

말을 더듬다

미시마 유키오의 소설 『금각사』에 등장하는 미조구치는 못생긴데다 심한 말더듬이다. 그의 말은 세상보다 늘 한 박자 늦어 그가 내뱉은 말은 내뱉어지기도 전에 죽은 말이 되어버린다. 우리가 사는 세상은 스스로 눈치 챌 틈도 없을 정도로 모든 것이 즉각적이다. 우리가 무수히 내뱉는 말 역시 내가 말을 하는 줄도 모르게 자동으로 흘러나오는 것이 대부분이다. 그런데 미조구치의 말은 입안에 갇혀 있다가 안간힘을 다한 끝에야 비로소 세상 바깥으로 튀어나온다. 그러나 타이밍을 놓쳐버린 말은 공허하고 효력이 없다. 이미 지나가버린 상황에 던져졌어야 할 그 말은 새로 발생한 현실 앞에서는 쓰레기가 되고 만다. 신선하지 못한 말과 더불어 사는 미조구치는 그러므로 늘 미끄러지고 어긋나며 세상과 불화할 수밖에 없는 숙명을 타고 난 존재다. 그런 미조구치가 아름다움에 대한 질문을 하게 되면서부터 비극(?)은 시작된다. 미조구치가 발견한 아름다움은 고정되어 있는 것이 아니라 끊임없이 변화하는 것이었다. 그런 아름다움을 진정으로 깨닫고 경험하기 위해서는 자신을 자기가 아닌 다른 존재로 변화시켜야만 한다고 그는 생각했다. 평소 금각사와 자기를 동일시했던 미조구치는 금각사에 불을 질러 없앰으로써 자기가 아닌 다른 존재로 이행하기를 꿈꾸었다. 생성과 소멸이 둘이 아니라고 생각했던 미조구치의 미학은 금각사를 불태움으로써 완성되었다고 말할 수 있다. 금각사에 불을 지른 것은 곧 자기를 불태워 없애버리는 것과 마찬가지라고 생각한 미조구치는 그 불과 함께 자신의 입속에 갇혀 썩고 있던 말들도 태워 없앰으로써 비로소 자유로운 존재가 되었던 것이다. 금각사를 불태움으로써 다른 존재가 된 미조구치의 말을 붙들어 이 그림속에 다시 가두었다.

► 33×53cm, 캔버스에 아크릴 물감, 2016

새로운 신이 나타났다

라디오 광고 중에 이런 게 있다.

법을 몰라서 혹은 돈이 없어서 혼자 고통을 겪고 있는 분이 계십니까? 한국가정법률상담소로 오십시오. 이혼은 하느냐 안하느냐가 중요한 게 아니라 어떻게 하느냐가 중요합니다. 이혼에 대한 상담이 필요하신 분은 가족이나 친지들에게 연락하지 말고 한국가정법률상담소로 연락하십시오. 모든 가정의 수만큼 답이 있는 곳, 한국가정법률상담소로 오십시오.

이 광고를 들을 때마다 머릿속에 떠오르는 문장이 하나 있다.

새로운 신이 나타났다.

세상 모든 가정문제에 대한 해답을 다 알고 있는 한국가정법률상담소는 이 시대에 등장한 새로운 신이 분명하다.

멀리 있는 모르는 사람은 어차피 상관없다. 가까이 있는, 내가 잘 아는 사람이 문제다. 사랑하고 싶은데 사랑할 수 없어서 문제고, 헤어지고 싶은데 헤어질 수 없어서 문제다. 사랑한다고 말하면서 괴롭혀서 문제고, 사랑해줄게 약속해놓고 무관심해서 문제다. 다른 사람을 사랑하면서도 가지고 있는 사람은 놓아주기 싫어서 문제고, 행여 더 나은 사랑을 만날지도 모른다는 기대에 끊임없이 한눈을 팔아서 문제다. 사랑을 빙자해서 상대를 구속하고 지배하려 들어서 문제고, 입으로는 사랑한다 말하면서 손톱만큼도 손해 보기 싫어서 문제다. 가정의 문제 혹은 남녀의 문제는 들여다보면 볼수록 치사하고 추하다. 이런 문제를 해결하기 위해서는 새롭고 강력한 신이 필요하다. 그래서 나는 한국가정법률상담소를 새로운 신으로 인정하기로 했다. 한국가정법률상담소가 모든 가정의 수만큼 가지고 있는 해답은 도대체 어떤 것일까 상상하며 이 그림을 그렸다.

► 61×91cm, 캔버스에 아크릴 물감, 2014

꽃이 시들기 전에

꽃이 시들기 전에 길을 나서려고 했다. 걸을 수 있는 날이 많지 않은 봄날에 꽃이 시들기 전에 길을 나서 봄을 그리려고 했다. 앵초와 제비꽃, 금잔화와 꽃다지의 보라와 노랑을 그리려고 했다. 굳이 그리지 않아도 선명하게 마음에 새겨지는 은방울꽃의 하얀 자태는 그것이 시들어버리기 전에 한번 보고 싶었다. 그러나 봄비가 내렸고, 중국에서부터 불어 온 황사가 심했으며, 얼마 전까지만 해도 건강했던 삼촌이 갑작스럽게 돌아가시는 바람에 꽃이 시들기 전에 길을 나서지 못했다.

꽃 피는 봄이야 내년이면 또 오겠지만 올 봄에 피었던 민들레와 산수유는 두 번 다시 볼 수 없을 것이다. 그래서 나는 보지도 못한 꽃들을 그림으로 그리면서 봄을 놓쳐버린 것을 후회하고 또 후회했다.

한 철에 피었던 꽃이 한 철만으로 끝나지 않는다는 이치는 이치일 뿐이고, 한 번 살았던 사람이 다시 태어날 수 있다는 믿음은 사실로 확인해보지 못한 믿음일 뿐이다. 그래서 나는 걸을 수 있는 날이 많지 않은 봄날에 기어코 길을 나서 꽃이 시들기 전에 확연히 봄을 보고 봄을 그려야만 했던 것이다.

꽃이 지기 시작하는 늦은 봄날에 길을 나서도 늦진 않겠지만 그래도 꽃이 시들기 전에……

► 45×45cm, 캔버스에 아크릴 물감, 2016

지구의 배꼽

옴파로스. 지구의 배꼽은 과연 있는 것일까?

지구의 배꼽으로 알려져 있는 울루루바위는 호주 대륙 정중앙에 위치해 있는 붉은 사막에 가면 있다. 바위 하나가 산처럼 큰데 사막 한가운데 우뚝 서 있다. 바위가 36개로 조각나 있는 울루루바위를 보면 마치 사람 머리처럼 보이기도 한다고 한다. 하늘에서 내려다보면 영락없는 배꼽모양을 하고 있는 이 바위는 9억년 전에 생성되었다고 하는데 높이는 약 348m, 둘레는 약 9.4km란다. 땅에 파묻혀 있는 바위의 규모만도 6000m인 이것은 바위라기보다는 바위산에 가깝다. 그늘이 지나간 자리라는 뜻을 품고 있는 울루루바위에는 거대한 풍화작용으로 인해 생긴 작은 동굴들이 있는데, 그 동굴 안에는 오래된 벽화의 흔적도 남아 있다고 한다.

지구에서 만들어진 것이 아니라 어느 날 하늘 위에서 툭 떨어진 것 같은 울루루바위는 멀리서 보면 충분히 오를 수 있겠다 싶어도 막상 올라가 보려고 하면 쉽지가 않다. 신들의 밥상이라 불리기도 한다는 울루루바위에 감히 오르려고 했던 인간들의 철없는 행동을 2019년 10월부터는 전면 금지시킨다고 한다.

아무리 신비하고 기적 같은 일이라 할지라도 결국 그것은 우주 안에서 벌어지는 일일 뿐이라고 말하는 사람도 있다. 그럼에도 불구하고 나는 지구의 배꼽, 울루루바위가 신기하다. 어쩌면 내가 바로 그 배꼽으로부터 비롯되었을지도 모를 일이므로. 울루루바위를 실제로는 보지 못한 나는 상상으로 그렸다. 내가 상상하는 울루루바위의 배꼽 모양은 네모 혹은 동그라미이기도 하고 세모이기도 한데, 그 배꼽은 모든 것의 시작이며 또한 모든 것이 마지막으로 돌아가는 곳이기도 하다.

► 33×53cm, 캔버스에 아크릴 물감, 2016

밀란 쿤데라

밀란 쿤데라를 좋아하게 된 이유를 알겠다. 내가 읽은 소설 중에 영원히 끝나지 않기를 바라며 읽은 첫 소설이 바로 밀란 쿤데라의 『참을 수 없는 존재의 가벼움』이었다. 자조하는 가운데서도 어김없이 번득였던 밀란 쿤데라의 유머는 도저히 웃을 수 없는 삶도 우습게 만드는 힘이 있었다. 그렇게 살고 있으면서도 한 번도 고발당한 적 없는 인간의 추악한 본성을 능청스럽게 적발하는 밀란 쿤데라의 솜씨도 가히 경이로웠다. 뿐만 아니다. 읽으면 읽을수록 찔리고 아프면서도 후련해지는 쿤데라의 소설은 읽는 재미까지 있어 우울하던 1980년대를 그나마 견디게 해주었다. 극단적인 삶의 순간에조차 가볍기 짝이 없는 소소한 일상과 연결되어 있는 쿤데라의 소설속 인물들을 보면서 나는 이상하게 마음이 편했다.

삶의 구체적이고 일상적이며 육체적인 측면을 사랑했던 밀란 쿤데라가 시가 아닌 소설을 쓸 수밖에 없었듯이 나 역시 시만으로는 도저히 메울 수 없는 삶의 산문성에 이끌리지 않을 수 없었다. 세상속에서 서로 끝없이 포개지고 얽히면서 드러내는 인간의 모습은 기이하고 부조리해서 한마디로 요약하거나 설명할 수가 없다. 그래서 그것을 드러내 보여주기 위해서는 시보다는 자유로운 형식의 소설이 적절할 것 같았다.

밀란 쿤데라는 어차피 실패일 수밖에 없는 인간의 삶을 있는 그대로 보여주면서 그 패배를 이해하도록 돕는 것이 소설의 존재 이유라고 말했다. 그러니까 답이 없는 삶에서 답을 찾느라 애쓰는 대신 차라리 그냥 살아라, 라고 말하는 쿤데라의 메시지를 이 그림에 담았다.

► 90×117cm, 캔버스에 아크릴 물감, 2016

해바라기

왜 그곳에 갔는지, 그곳이 어디인지 잘 기억나지 않는 그곳에서 해바라기를 보았다. 배가 고파 밥집을 찾기 위해 걷기 시작했는데 아무리 걸어도 밥을 파는 집은 나타나지 않고 해바라기만 지천인 동네였다. 한꺼번에 해바라기를 그렇게 많이 보기는 처음이었다. 내 기억속의 해바라기는 어쩌다 가끔 볼 수 있는, 그래서 더 도도하고 강렬한 그런 꽃이었다. 그런데 그날 본 해바라기는 너무 많아 귀할 것도 없었고 가까이에서 볼 수 있어 더 이상 신비롭지도 않았다. 노란 꽃잎속에 동그랗게 자리 잡고 있는 진흙 색 속살도 감추는 것 하나 없이 보란 듯이 다 벌어져 있었다.

해바라기가 지천인 그 동네에는 크레용 냄새가 나는 커피를 파는 작은 카페도 있었다. 손님이 한 사람도 없는 카페 여주인은 그 동네에서 만난 유일한 사람이었다. 커피를 주문하는 대신, 그 동네에서 제일 가까운 곳에 있는 밥집의 위치를 묻는 나에게 카페 여주인은 친절하게 약도를 그려주었다. 그녀가 그려준 약도속에도 해바라기가 있었다. 그리고 이름이 기억나지 않는 또 다른 꽃무더기도 그녀는 약도속에 그려 넣어주었다.

그녀가 그려준 꽃을 지표삼아 밥집을 찾아 나서면서 이미 이 그림은 내 머릿속에 저장되고 있었다. 해바라기뿐인 줄 알았던 그곳에는 크레용 냄새를 풍기는 카페도 있었고 해바라기 못지않게 흐드러지게 피어 있는 이름 모를 또 다른 꽃도 있었다.

► 45×45cm, 캔버스에 아크릴 물감, 2016

불꽃축제

친구 따라 불꽃축제에 갔다. 예기치 않게 알게 된 친구와 함께 가게 된 불꽃축제는, 왠지 뻔할 것 같아 평소에는 전혀 관심을 가지지 않았던 축제 행사였다.

연신 터지는 폭죽소리가 번번이 심장을 두드리는 것이나, 밤하늘에 신기루처럼 나타났다 사라지는 불꽃들은 짐작했던 대로 뻔했다. 그러나, 불꽃 하나하나가 깜깜한 밤하늘에서 피어나는 꽃처럼 번질 때마다 신음 같은 탄성을 토해내는 사람들의 소리가 약속이라도 한 듯이 똑같은 것은 전혀 예상하지 못했던 신선한 광경이었다.

오기로 약속했다가 오지 않은 친구의 마음은 알 길이 없었지만 불꽃과 더불어 한마음이 된 모르는 사람들의 마음은 훤히 알 것 같았다.

성질 급한 사람들은 어떻게 알았는지 축제의 끝을 미리 눈치 채고 돌아갈 길을 서둘렀다. 이미 한마음이 되는 데 익숙해진 사람들은 마지막 불꽃이 하늘을 장식하기도 전에 등을 돌려 앞서가는 사람들을 뒤따랐다. 대열을 이루며 한곳을 향해 걸어가던 사람들이 어디서부터 헤어지기 시작했는지 모르겠다. 개나리 색 경찰복을 입은 안전요원이 불던 호루라기 소리에 다들 놀라 이리저리 흩어졌을지도 모를 일이다.

축제는 끝났고 조용해진 밤하늘에 홀로 남겨진 것은 반달이었다. 갖가지 화려한 색으로 점점이 발광하던 불꽃들에 비하면 구름이 반쯤 가리고 있는 반달은 애잔할 정도로 소박했다.

이 그림을 그리면서 불꽃축제 때 내뱉었던 탄성이 또 한 번 가슴에서 터졌다.

► 43×30cm, 종이에 아크릴 물감, 2013

세계에서 가장 일찍 문 여는 가게

피지에 있는 타베우니섬에 가면 세계에서 가장 일찍 문을 여는 가게가 있다. 실제로 그런지 어떤지는 모르겠는데 아무튼 가게 이름이 세계에서 가장 일찍 문을 여는 가게라고 한다.

날짜 변경선이 지나는 그곳은 어제와 오늘이 공존하는 곳이기 때문에 세상에서 가장 일찍 하루를 시작할 수 있다는 의미에서 그런 이름을 붙인 것 같다. 그렇다면 이 가게는 세계에서 가장 늦게 문을 닫는 가게가 될 수도 있겠다. 어제의 끝과 오늘의 시작이 만나는 지점에서의 시작과 끝은 이미 의미가 없다. 끝의 끝이 시작과 맞닿아 있고 시작의 시작이 끝과 맞닿아 있기 때문에 시작이 곧 끝이고 끝이 곧 시작일 수밖에 없기 때문이다. 그렇다면 세계에서 가장 일찍 문 여는 가게는 이름대로라면 한번도 문을 닫은 적이 없는 가게일 것이다.

세상에서 가장 일찍 해가 떠 가장 늦게 해가 지는 그곳으로 여행을 떠나고 싶다. 그곳에 가면 세계에서 가장 일찍 문 여는 가게에도 반드시 들러볼 것이다. 그러나 언제 가게 될지 모르는 그곳을 상상하며 이 그림을 그렸다.

► 33×53cm, 캔버스에 아크릴 물감, 2017

엄마2

엄마가 돌아가신 지 육 개월 반에 엄마를 만나러 갔다. 엄마는 경상남도 양산 영축산 산자락에 터를 잡고 있는 작은 암자 마당 한켠의 소나무 밑에 가루가 된 채 묻혀 있다. 영축산에 있는 월명암으로 가는 길은 고즈넉했다. 10월이라 그런지 감나무에 감들이 주렁주렁 열려 있었고 군데군데 단풍도 곱게 물들어 있었다. 양지 바른 산길을 산책하는 마음으로 느리게 걸으면서 길가에 알록달록 피어 있는 꽃들을 구경하다가 불현듯 한 생각이 떠올랐다. 돌아가신 엄마를 처음 만나러 가면서 꽃 한 송이 준비하지 않았다는 자각이었다.

굳이 변명하자면 오직 엄마를 만나러 간다는 생각에만 사로잡혀 다른 건 아무것도 생각하지 못했다 말할 수도 있겠다. 그러나 꽃 한 송이 준비하지 않고 빈손으로 가는 것이 아무래도 잘못된 것이라 깨닫고 나니 도저히 마음이 불편해 그냥 갈 수가 없었다. 그렇다고 걸음을 되돌려 꽃을 사러 가기에는 상황이 여의치 않았다. 그래서 길가에 피어 있는 꽃을 꺾어 꽃다발을 만들기 시작했다. 잠깐 사이에 꺾은 꽃이 순식간에 한아름이 되었다. 하얀색, 노란색, 보라색 꽃이라 이름 부를 수밖에 없는 꽃들을 꺾어 만든 꽃다발은 꽃집에서 돈을 주고 산 것 못지않게 훌륭했다.

웬만한 남자 저리 가라 할 정도로 여장부였던 엄마는 자식들에게는 너무 수월한 사람이었다. 그래서였는지 임기응변으로 만들어 간 꽃다발을 엄마 앞에 갖다 놓으면서도 나는 별로 미안한 마음이 들지 않았다. 살아서도 그랬듯이 죽어서도 나를 힐책할 줄 모르는 엄마는 자식에게는 그냥 바보였다. 그날 엄마에게 제대로 된 꽃을 올리지 못한 죄책감 때문에 그린 이 꽃을 엄마에게 바친다.

► 24×34cm, 캔버스에 아크릴 물감, 2014

하얀색으로 지어진 성당

초가을 오후 6시, 하루가 서물고 있는 시간이었다. 어둠이 내려앉기도 전에 서둘러 밝힌 도시의 불빛들이 촘촘하게 끝없이 번지고 있었다. 그날 하루, 도시의 불빛들보다 더 많은 생각을 떠올렸다 지우기를 반복한 내 마음 또한 한 생각이 스러지기도 전에 또 다른 생각을 불러일으키며 번지고 있었다.

내 생의 시작이 지금부터라면? 천주교 신자도 아니면서 걸핏하면 동네 성당 마당의 나무의자에 앉아 시간을 보내곤 하는 나는 그날도 거기에 앉아 그런 생각을 하고 있었다. 성당 앞 횡단보도의 신호등에 녹색불이 켜졌고, 휠체어를 탄 할아버지가 거리가 짧은 횡단보도임에도 불구하고 장거리를 뛰는 마라톤 선수처럼 홀로 사력을 다해 휠체어 바퀴를 굴리고 있었다. 할아버지와 부부 사이인 듯 보이는 할머니는 몹시 구부정한 자세로 아이가 타지 않은 빈 유모차를 밀며 뒤이어 횡단보도를 건너고 있었다. 그러나 유모차에 의지한 할머니는 휠체어에 앉은 할아버지에 비하면 몸놀림이 재빨라 토끼와 거북이의 경주에서처럼 뒤늦게 출발했는데도 일찍 출발한 할아버지를 제치고 이쪽 인도에 먼저 당도했다. 성당 마당 안으로 들어서는 두 노인에게 나무의자를 양보해야 하는 건 아닐까, 생각하는데 내 예상과는 다르게 그들은 곧바로 성당 안으로 들어갔다.

그날 내가 본 것은 서둘러 밝힌 도시의 불빛과 노을로 붉게 물든 저녁하늘, 그리고 하얀색 성당과 두 노인이었다. 특히 하얀색 성당은 어둠이 깔리기 시작한 저녁시간인데도 선명하게 하얘 인상적이었다. 하늘을 온통 뒤덮고 있던 노을의 붉은 색에도 전혀 물들지 않은 모습은 어쩐지 기괴해 보였다.

► 78×60cm, 종이에 아크릴 물감, 2015

잊어버린 그림

내 핸드폰 사진첩에는 내가 그린 그림과 다른 화가 그림 사진이 뒤죽박죽 섞여 있다. 내가 그린 그림은 아무리 다른 그림과 뒤섞여 있어도 대번에 알아볼 수 있다. 그런데 이 그림은 왜 그랬는지 내 기억에서 까맣게 잊혔던 모양이었다. 어느 날 핸드폰 사진첩을 넘기다가 불현듯 눈에 들어온 이 그림이 그날따라 특별하게 와 닿았다. 그래서, 누구 그림이었더라, 하는 마음으로 자세히, 오래, 보았다. 보다보니 왠지 낯익은 느낌과 함께 혹시 내가 그린 그림인가 하는 생각이 스쳐 지나갔다. 혹시나 하는 심정에 그림을 쌓아둔 서랍을 뒤지기 시작했다. 찾아보니 종이에 그린 그림 중 이 그림이 있었다! 그림 그린 지 이 년여 만에 있었던 일이다. 내 눈앞에 버젓이 모습을 드러낸 그림을 보면서도 나는 잠시 의심했다. 정말 이게 내가 그린 그림이 맞나, 싶은 의혹은 그림을 뻔히 보면서도 쉽사리 가시지 않았다. 기가 막힐 노릇이었다. 그림 뒷면을 보니 한쪽 귀퉁이에 글자 하나가 적혀 있었다. 그것을 보는 순간 모든 기억이 되살아났다. '할'이었다. '할'은 큰스님이, 눈을 뻔히 뜨고도 눈감은 채 살고 있는 중생을 깨우기 위한 외마디 외침(?) 같은 거였다. '할'이라는 글자를 보면서 되살아난 기억이, 스님이 죽비로 등을 내려치듯 뒤통수를 쳤다. 그렇게 강렬하고 소중했던 순간을 까맣게 잊어버린 내가 생각하면 할수록 어이가 없었다.

마음이 어지러울 때마다 큰스님들의 법문을 찾아 들었고, 이 그림도, 어느 큰스님의 '할'에 한순간 정신이 번쩍 들어 그렸던 것인데 어떻게 이 그림을 잊어버릴 수 있었던 것인지 도무지 모를 일이었다. 서랍에 들어가 영원히 잊힐 뻔했던 이 그림은 그렇게 불려나와 2016년 경민현대미술관에서 개최한 단체전에 출품되었고, 지금은 이 그림의 에너지와 걸맞은 사람이 소장하고 있다.

► 90×117cm, 캔버스에 아크릴 물감, 2015

붓으로

붓으로 그림을 그리기까지 왜 그렇게 오랜 시간이 걸린 것인지 잘 모르겠다. 다른 도구를 사용하지 않고 온전히 붓으로만 그린 이 그림은 그림을 시작한 지 육 개월이 훨씬 지나서 그린 것이다. 그 전에는 손으로 혹은 나무막대기 등으로 그렸다.

선뜻 붓을 사용하지 않은 이유는 회화적으로 다듬어지고 정제되기 전, 날것 그대로의 감정이나 느낌이 식어 사라지기 전에 급하게 표현하고 싶은 마음 때문이었을 수도 있다. 특히, 도구를 일체 사용하지 않고 손으로 그릴 때의 온전한 느낌을 좋아했던 나는 붓을 사용할 필요를 별로 느끼지 못하고 있었다. 붓을 사용하지 않고도 그릴 수 있는 그림이 너무 많았다. 그래서 나는 육 개월 넘게 그림을 그리면서도 한번도 붓을 사용하지 않았던 것이다. 그러다가 막상 붓으로 그림을 그려보니 붓으로만 표현할 수 있는 또다른 세계가 있었다.

붓은 때로는 손보다 날렵하고 섬세했고, 또 때로는 손보다 더 거칠고 자유로웠다. 뒤늦게 붓을 사용하긴 했지만 나는 붓이, 그림을 그리는 사람에게는 또 하나의 손이나 다름없다는 생각을 하게 되었다. 이 그림은 손으로는 도저히 흉내 낼 수 없는 붓 자체의 흔적을 최대한 살려 그린 그림이다. 이 그림 이후, 딱히 그리고자 하는 주제 없이 붓 자체가 그려내는 무늬와 질감만으로 수없이 많은 그림을 그렸다.

► 130×130cm, 캔버스에 혼합재료, 2017

그림과 시간

그림을 그리는 방식에 있어서 나는 반성해야 할 부분이 더러 있다. 소설을 쓸 때도 초고를 쓸 때만 신나하고 문장을 다듬는 과정은 도무지 지루해했던 나는 그림도 오랜 시간 정성을 다해 그리기보다는 짧은 시간 안에 끝내는 것을 선호했다. 그렇게 쉽게 그리기를 계속하다가, 해마다 열리는 국내 화랑제에서 그림 하나를 보고 나서 생각이 좀 바뀌었다. 무명작가의 그림이었는데, 그날 화랑제에서 본 그림 중 가장 내 마음을 사로잡은 그림이었다. 한동안 그림 앞에 서서 떠날 생각을 하지 않고 있는 것을 본 작가가 나에게 다가와 자신이 그린 그림에 대해 상세하게 설명해주었다. 핸드코트를 사용해서 한 작업인데 그 그림을 완성하기까지 꼬박 육 개월이 넘는 시간이 걸렸다는 거였다. 오랜 시간 공들인 작품이라 그런지 어디 한 군데 허술한 데가 없었다. 아무리 세월이 지나도 끄떡없을 것 같았고 그림에서 느껴지는 정성만으로도 절로 고개가 숙여졌다. 그날 이후 나는 빨리 끝내는 그림보다 오래 공들여 그림을 그리는 쪽으로 체질을 바꾸기 위해 노력해봤다. 하루에 두세 점의 그림을 그리기도 했던 나는 이 그림을, 매일 열 시간 가량 보름 넘게 작업을 해서 완성시켰다. 유난히 습하고 더웠던 2017년 여름에 땀을 비 오듯 흘리면서 그렸다. 그렇다고 이 그림이 한 시간 만에 그린 그림보다 무조건 작품성이 뛰어나다고 말할 수는 없을 것이다. 다만 흐르는 시간을 계산하지 않고 뚜벅뚜벅, 조급해하지도 말고, 지겨워하지도 말고, 싫증내지도 말고 견뎌낼 줄 아는 것. 그걸 한번 해보고 싶었던 거였다. 아무튼 나는 이 그림을 그리면서 조금은 나를 넘어선 것 같았다. 그리고 이 그림을 완성하고 나니, 나도 화랑제의 그 작가처럼 육 개월 아니 일 년에 걸쳐 그리는 그림에도 도전해볼 수 있을 것 같았다.

► 45×45cm, 캔버스에 아크릴 물감, 2017

이젤

그림 그린 지 사 년 만에 이젤을 갖게 되었다. 성질이 급한 나는 어떤 일을 시작할 때 그 일의 결과 혹은 마지막에 먼저 마음이 가 있어 몹시 서두르는 편이다. 소위 그림을 그리는 사람이 사 년 동안 이젤도 없이 그림을 그린 것은 그런 내 성정 때문이다. 남편이 생일선물로 이젤을 사주기 전까지만 해도 나는 이젤을 사야겠다는 생각을 전혀 하지 않았다. 캔버스를 바닥에 눕혀 놓고 그린 그림을 벽에 기대 세워서 보면 느낌이 다른 경우가 많아, 다 끝냈다고 생각했던 그림을 다시 손을 보기 일쑤였음에도 불구하고 이젤을 사야겠다는 생각은 하지 않았던 것이다.

길을 갈 때도 오로지 가고자 하는 목적지만을 향해 직진하느라 가는 길에 어떤 것들이 있었는지 전혀 모르는 나는 그림을 그리면서도 그랬다. 그림에 대한 아이디어와 그 결과물 외에 중요한 것은 아무것도 없었다. 그래서 화가라는 사람들이 갖추고 있는 이런저런 도구들, 예컨대 팔레트 같은 것도 나에게는 없다. 물감을 섞어 색을 쓰고 싶으면, 버리려고 모아두었던 비닐봉지 위에 물감을 짜서 섞으면 된다는 식이었다. 남 보기에는 좀 그럴 수도 있지만 나는 불편한 게 전혀 없었다. 그런데 막상 이젤을 사용하고 보니 편한 게 한두 가지가 아니었다. 무엇보다, 다리 아프게 쭈그리고 앉아 그림을 그리지 않게 되어서 좋았다. 그리고 처음부터 캔버스를 이젤에 올려 세워놓고 그리니까 그림의 전체 분위기가 바로 한눈에 들어와 그림을 그리기에 여러 모로 유리했다.

이젤을 사용해 그리기에는 크기가 작은 그림이지만 아무튼 이 그림은 캔버스를 이젤 위에 올려놓고 그린 첫 그림이다.

► 18×26cm, 캔버스에 아크릴 물감, 2017

돈에 대한 단상

돈은 개인을 그 영혼으로부터 멀어지게도 하지만 개인을 그 영혼으로 돌아가게도 한다.

독일 출신의 철학자 게오르그 지멜이 한 세기 전에 그의 저서 『돈의 철학』에서 설파한 말이다. 돈으로 상징되는 자본주의는 이제 거역할 수도, 그 흐름을 되돌릴 수도 없는 역사적이고 사회적인 세력과 질서가 되었다는 사실에서 출발한 지멜의 언급은 이 시대에 와서 더 유효해졌다. 플라스틱머니에 이어 전자화폐까지 등장하면서 돈의 추상화가 가속화되고 있는 시대를 살고 있으면서 돈에 대한 철학 대신 돈을 위한 철학에만 골몰하는 우리에게 지멜의 주장은 곱씹어 볼 만한 대목이다.

육체적으로 배고픈 영혼은 생존을 위한 노동과 투쟁의 물질적 단계를 벗어날 수가 없다. 그러니까 지멜은, 돈을 소유한 사람만이 생존을 위한 투쟁에서 벗어나 개인적이고 주관적인 삶의 양식에 관심을 가질 수가 있고 그것을 발전시킬 수도 있다는 것이다. 즉 돈은 개인의 인격을 지키는 수문장 역할을 하게 된다는 논리이다. 단, 이때 개인은 돈에 대한 분명한 철학이 있어야 한다. 요컨대 돈이란 절대적으로 수단일 따름이라는 사실을 잊어서는 안 된다는 말이다.

평생을 시장에서 추위에 떨며 번 돈을 불우한 사람들을 위해 흔쾌히 기부한 허리 굽은 할머니의 돈은 할머니 자신에게는 물론 우리에게도 하나의 선물이며 축복이었다.

► 90×117cm, 캔버스에 아크릴 물감, 2017

차벨라 바르가스

멕시코 여가수 차벨라 바르가스는 단독자다. 밴드 따위 필요 없이 오로시 사신의 감성과 목소리 하나만으로 듣는 사람의 영혼을 빼앗아버리고 마는 그녀의 목소리는 주로 암울하다. 장신구는커녕 남자 옷을 입고 무대에 섰던 그녀는 가장 낮은 곳의 슬픔과 절망을 노래했다. 그래도 희망은 있다, 라고 섣불리 말하는 세상 사람들에게 차벨라 바르가스는 주먹이라도 날리듯 더 깊은 절망을 노래하며 우뚝 서는 단독자였다.

멕시코의 초현실주의 화가 프리다 칼로의 삶과 예술을 담은 영화「프리다」에서 차벨라 바르가스가 부르는 La Llorona(울부짖는 여인)는 치명적이고 압도적이다. 멕시코 데킬라를 자기가 다 마셔버려 멕시코에는 더 이상 좋은 술이 없다는 농담을 하기도 했던 그녀의 목소리는 산패한 듯 탁하고 거칠다. 알코올과 함께 한 세월의 흔적이 깊게 패인 그녀의 얼굴에서 그녀가 부르는 노래와 함께 배어나오는 미소는 그러나 세상을 품고도 남을 정도로 크다. 그래서 그녀가 부르는 노래 앞에서 눈물을 흘리는 것은 실례다.

동성애자였지만 누구보다도 순수한 사랑을 지킬 줄 알았던 차벨라 바르가스는 세상을 향해 당당하게 말했다.

아무도 이런 식으로 살라고 가르치지 않았다. 그냥 그 순간 그렇게 태어났을 뿐이었다. 나는 절대적으로 순수하다. 내가 부끄러워해야 할 것은 아무것도 없다. 나의 신들이 나를 이런 식으로 창조했을 뿐이다.

차벨라 바르가스에게 이 그림을 바치고 싶다.

► 45×45cm, 캔버스에 아크릴 물감, 2016

코스모스

코스모스였다. 잠시도 방심할 수 없는 가파른 산을 오르던 중 문득 만난 코스모스는 또렷하게 제대로 핀 모습이었다. 흔하디 흔한 그 꽃이 지나가던 한 사람의 생을 불현듯 관통했다고 말하면 아무도 믿지 않을 것이다. 찰나에 일어났다 스러진 수만 가지 생의 기억은 그러나 사소해 길을 가던 이는 가던 발걸음을 멈추지 않았다. 나뭇가지에 생뚱맞게 걸려 있는 빨간색 수건을 지나치자마자 껍질 벗겨진 소나무에서 배어나온 송진 냄새가 아프게 코를 찔렀다. 가빠지는 숨소리와 더불어 왜 산에 왔을까, 라는 의문이 들 무렵 선물처럼 나타난 나무그늘아래에서는 기념사진을 찍기보다 짧은 고요를 즐기는 편이 나았다. 도달할 수 없을 것 같던 산꼭대기에는 아무것도 없었다. 더 이상 힘겹게 오르지 않아도 된다는 달콤함은 산이 말해주는 최고의 역설이었다. 비밀로 잠글만큼 무거운 것 말고 산들바람과 함께 흩어져도 좋을 정도의 가벼운 소원을 사족처럼 허공에 매달았다. 산 초입에서부터 감탄사를 연발하던 시끄러운 가족이 정작 산꼭대기 절경 앞에서는 바람 빠진 풍선처럼 헐렁한 감탄으로 더 이상 시끄럽지 않은 틈을 타 산에 사는 고양이가 한 번 울었다. 마지막 남은 커피 한 잔은 정상 바로 아래, 누구에게도 쉽사리 눈에 띄지 않을 구석진 곳에서 마셨다. 그리고 그곳에 동행이 있었다, 눈치 채지 못할만큼 익숙한.

가을 산행 중 뜻밖에 만난 코스모스를 보고 쓰게 된 글이다. 더불어 그림도 그렸다. 그날 산에서 본 코스모스는 작은 한 송이였다. 그 한 송이가 내 마음속에서 여러 송이로 다시 피어났다.

► 90×117cm, 캔버스에 아크릴 물감, 2016

터키의 창문

TV에서 터키영화를 보고 나서 블루로 표현하고 싶은 터키를 그리고 있는데 그리는 중간에 불현듯 커다란 창의 실루엣이 눈에 들어왔다. 내가 그린 적이 없는 창문이 왜 캔버스 화면속에 들어있었던 건지 모르겠지만 아무튼 내 눈에는 분명히 그것이 보였다, 그것도 선명하게. 그리지 않고 그냥 무시해버리기에는 창문의 느낌이 너무 강하고 매혹적이었다. 그래서 나는 조금도 망설이지 않고 그 창문을 그렸다. 생각지도 않은 창문을 그리고 나니, 블루로 표현하고 싶었던 터키는 창문 저 너머로 밀려나버리고 말았다.

창문 너머에 간신히 흔적으로 남은 터키와, 그 세계를 가로막고 있는 커다란 창문 중 어느 것이 이 그림의 주된 메시지일까? 나도 모르겠다. 단호하게 가로막고 있는 창문으로 인해 블루의 터키는 좀체 닿을 수 없는 동경의 세계로 남았지만 그래도 분명히 그곳에 있다. 그리고, 캔버스를 가득 채우고 있는 창문은 이쪽과 저쪽을 가르고 있는 것일 수도 있지만 언제든 열어젖힐 수도 있는 것이다. 창문만 열어버리면 안과 밖은 서로 통한다. 안이 곧 밖이고 밖이 곧 안이 된다. 아니, 애초에 안도 없었고 바깥도 없었던 하나의 세계만 남는다. 그러므로 창문 너머 블루로 존재하는 터키와 함께 이 창이 바로 터키다.

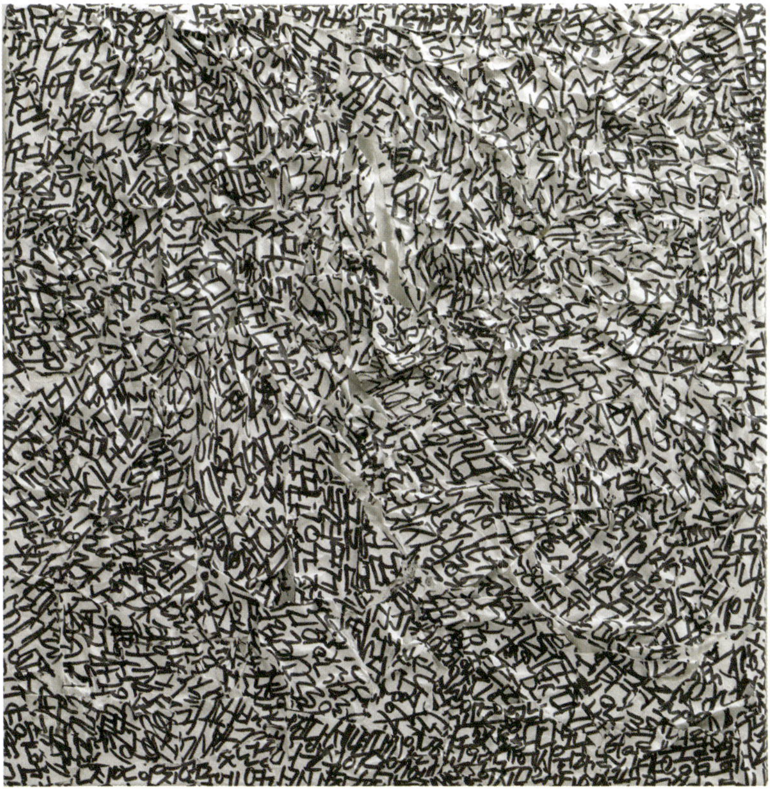

 45×45cm, 캔버스에 혼합재료, 2017

롤랑바르트

롤랑바르트는 지극히 사소하고 섬세하다. 사소하고 섬세한 만큼 매순간과 진실하고 완전하게 만나기를 원했던 롤랑바르트가 사진에 관심을 갖게 된 것은 결코 우연이 아니다.

나폴레옹의 막내 동생인 제롬이 찍힌 사진 한 장을 보면서 롤랑바르트가 체험하게 되는 놀라움은 살면서 평생 잊을 수 없는 놀라움이 된다. 제롬의 사진을 보면서 롤랑바르트는 사진속 황제가 아닌, 황제를 직접 보았던 두 눈에 대한 경이감을 느끼게 되었던 것이다. 사진에 찍힌 제롬이라는 특수한 인물보다 그 인물을 찍으면서 그 인물을 본 두 눈에 대한 놀라움을 금치 못했던 롤랑바르트는 그 놀라움 하나를 붙들어 책을 썼다. 우리나라에서는『카메라 루시다』라는 제목으로 소개된 이 책은 롤랑바르트가 쓴 사진에 관한 노트다.

분명히 존재했던 그것과, 그것을 분명히 본 눈이 만들어낸 사진은 롤랑바르트에게 과거를 회상시키는 것으로서의 의미보다 존재했던 것들에 대한 증언으로서의 의미가 더 크다. 실존적으로 두 번 다시 되풀이될 수 없는, 단 한 번밖에 일어나지 않았던 현상을 정지시킨 사진은 오직 그것 외 다른 아무것도 보여주지 않는다. 한순간 있었던 사건 혹은 현실로서의 사진은 그 순간을 증명할 뿐 그 이외의 것을 향해 자신을 넘어서지 않는 것이다.

이런 사진에 반해 그림은 존재하지 않았던 현실을 가장할 수 있다는 점에서 자유롭지만 한편으로는 위태롭다. 분명히 존재했던 그것, 즉 한 장의 사진에 대해서는 어느 누구도 이의를 제기할 수 없다. 그러나 존재한 적이 없었던 것일 수도 있는 그림은 언제든지 논란거리가 될 수도 있는 것이다. 그런데도 나는 롤랑바르트를 썼다가 해체시켜 그것으로 굳이 그림을 만들었다.

► 45×45cm, 캔버스에 아크릴 물감, 2016

지워진 그림

한번 지나간 것은 되돌릴 수 없다. 그러므로 지워진 그림은 영원히 지워진 것이다.

내가 발표한 단편소설「너무 사소한 죽음」의 메시지를 나름대로 표현해 보았던 그림이 있었다. 소설과 그림을 연결시킨 작업이었기에 나로서는 의미가 있는 그림이었다. 그러나 그런 내용을 전혀 모르는 관람자는 그냥 보여지는 그대로의 그림을 볼 따름이었다. 아무튼, 그 그림에 대한 첫 관람자의 반응은 이게 뭐야, 하는 표정이었다. 영 아니라는 거였다. 이렇고 이래서 이런 그림을 그렸다고 설명하고 싶은 마음이 아예 들지 않을 정도의 반응이었다. 김이 샌 나는 바로 그 그림을 빨강색 물감으로 덮어버렸다. 그런데 한 번의 붓질로는 밑에 그림이 다 지워지지 않았다. 그래서 한 번 더 칠하려고 하는데 문득 어떤 그림이 눈에 들어왔다. 빨강색 물감으로 지워져 이미 그 내용을 알 수 없는, 간신히 흔적으로만 남은 그림 조각들과 빨강색 물감의 이상한 결합. 그 결합들이 이루어낸 미묘한 조화가 또 다른 하나의 그림이 되어 내 눈에 띄었던 것이다. 그것은 뜻하지 않게 만들어진 밑그림이었다. 그 밑그림을 최대한 살려 새로운 그림 하나를 충분히 만들어낼 수 있을 것 같았다.

하나의 그림이 지워진 자리에서 새롭게 탄생한 이 그림은 불태워 없애버리지 않는 한 많은 사람들이 보게 될 것이다. 그러나 이미 지워버린 그림은 완전히 없어진 거나 다름없다. 이제는 내 기억에조차 남아 있지 않은 지워진 그림은, 그 그림을 궁금해 할 수도 있는 사람들에게는 영원한 비밀로 남겨졌다.

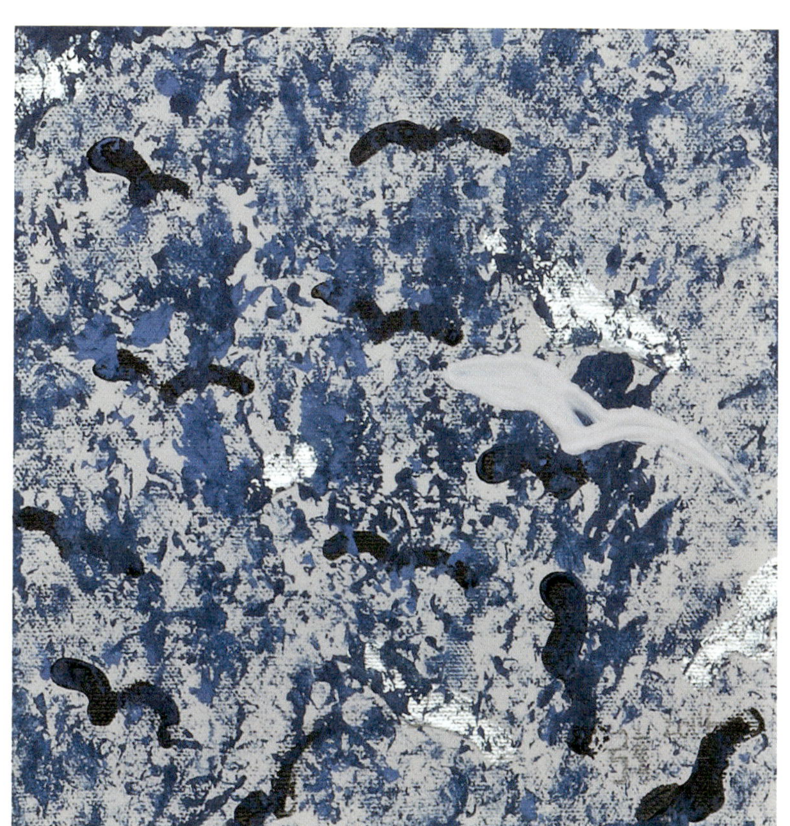

► 20×20cm, 캔버스에 아크릴 물감, 2014

새소리를 듣다

슬픔인 줄 알았는데 그게 아니었다. 뒷짐을 진 채 절 마당을 거닐던 노승이 문득 멈춰 서서 하늘인지 구름인지 바라보며 던지던 눈빛은 슬픔이 아니라 그냥 하염없음이었다.

새소리가 거기 있었다.

오래 전부터 재잘대고 있었을 게 분명한 새소리를 처음 듣는 소리인양 화들짝 놀라며 듣게 된 것은 늙은 스님의 그림자 없는 뒷모습 덕분이었을 것이다. 늘 귀 먹은 채 살다가 기적처럼 듣게 된 새소리는, 그러나 금세 지겨워져 나는 아쉬움 하나 남기지 않고 곧바로 절 문을 나섰다. 절 문을 채 나서기도 전에 식욕이 일었고, 쓰레기통에 버릴 수도 없는 잡념 또한 초인적인 능력을 발휘하며 번개처럼 희번덕거렸다. 그러나, 오직 새소리만 뚜렷하던 적막한 산사에서보다 휘황한 빛들이 미친 듯이 교차하는 산 아래에서 나는 도리어 안도했다.

무엇으로부터의 안도였을까? 두려움의 정체를 알 수 없었기에 두려움은 두려움대로 남겨둔 채 다시 일상을 시작할 수밖에 없었다.

오래된 절 마당에서 문득 들었던 새소리에 대한 기억은, 뚜렷하고 밝았지만 좀 서늘하기도 했다. 머리카락 하나 없는 스님의 민머리도 너무 푸르러 차가워 보였다.

소리는 들었지만 보지는 못했던 새에 대한 기억을 그림으로 그렸다.

► 54×90cm, 종이에 아크릴 물감, 2013

실패작이란 없다

실수란 하고 싶어서 하는 것이 아니다. 결코 하고 싶지 않은데 하게 되는 것이 실수다. 그래서 우리는 누구나 실수에 대해 후회하고 두려워한다. 그런데 그림에서는 예외인 것 같다. 실수를 잘 활용한 그림이 오히려 실수하기 전보다 더 나은 그림으로 변신하는 경우가 종종 있는 것이다.

이 그림은 블랙 시리즈 중 하나인데, 땅에 떨어지는 비의 이미지를 그린 것이다. 산발적으로 제멋대로 떨어지는 비를 추상도 아니고 구상도 아닌 쪽으로 표현하고 싶었다. 그래서 더러는 뚜렷하게 더러는 모호하게 선을 그리고 점을 찍었다. 반추상이 어려운 것은 구체적인 이미지를 전달하면서 한편으로는 그 이미지를 뭉개야 하기 때문이다. 해서 선의 굵기와 점의 크기 등을 치밀하게 신경 쓰면서 그리던 중이었는데, 왼쪽 상단에 선 하나를 너무 진하게 그어버리고 말았다. 그 선 하나 때문에 전체 그림의 밸런스가 깨지는 것 같았다. 그러나 실패한 그림이라 치부하고 구겨 버리기에는 아무래도 아까웠다. 밑그림 없이 작업하는 나로서는 그림 하나하나에 그 순간이 다 담겨 있기 때문에 다시 그리게 되면 그 느낌을 그대로 재현하기 어려웠던 것이다. 그래서 최대한 살리는 쪽으로 마음을 고쳐먹고 실패한 그림에 집중했다. 그런 마음으로 그림에 애착을 가지고 보다보니 실수한 그대로의 상태에서 어떤 방법을 찾을 수도 있을 것 같았다. 실수로 잘못 그어진 선을 오히려 강조해 자칫 밋밋할 수도 있었던 그림에 힘을 불어 넣는 쪽으로 마음을 정했다. 한쪽에서는 보슬비가 내리고 있는데 다른 한쪽에서 장대비가 쏟아지지 말라는 법도 없다, 생각하며 그런 이미지 쪽으로 그림의 방향을 전환시켰던 것이다.

► 130×130cm, 캔버스에 아크릴 물감, 2017

결정적 순간

결정적 순간이라는 결정적 언어를 남긴 앙리 카르티에 브레송을 소환하려고 한다. 즉, 브레송의 사진을 이야기하고 싶은 것이 아니라 브레송이라는 인간에 대해 이야기하고 싶은 것이다. 일찍이 자기를 버림으로써 세상을 얻은 브레송이 수천 킬로미터를 발로 걸으면서 세계의 무수한 이미지를 카메라에 담은 것은 우연이 아니다. 다른 위대한 예술가들과 마찬가지로 브레송 역시 진정한 예술적 자의식에 다가가기 위해 스스로를 흔쾌히 벗어났던 것이다.

브레송은 자신이 포착한 결정적 순간에 대한 체험을 이렇게 표현했다

나는 때를 기다리는 신경다발이다. 그것은 오르고 또 올라 마침내 터져버린다. 그것은 육체의 기쁨이고, 춤이고, 시간이고, 얽힌 공간이다. 보는 것이 전부다.

그러니까 브레송은 결정적 순간을 포착함과 동시에 그 순간과 하나가 되어버렸던 것이다. 브레송이 불시에 체포하듯 붙잡은 삶의 한순간은 이전에 본 적이 없는, 시간의 흐름이라는 물결 속에 감춰져 지나가버리던 그것을 백일하에 드러내는 한 순간이기에 결정적 순간이 되었던 것이다. 보이는 것과 보이지 않는 것 사이, 그 사이를 붙들기 위해 브레송의 눈은 늘 깨어 있어야 했다.

모순도 없고 방황도 없었기에 브레송을 연구하는 사람들에게는 더 어렵고 풍부한 존재로 남게 된 그는 인간 역사의 한 전통을 만든 유익한 인간임에 틀림없다. 뭐가 문제인가? 가깝게 지내는 사람들이 문제에 부딪혀 고민할 때마다 브레송이 던진 말이라고 한다. 뭐가 문제인가? 질투를 불러일으킬 만한 브레송의 당당한 신경다발을 훔쳐 이 그림에 담았다.

이것은 그때 그것이 아니다

색깔도 없고 냄새도 없는, 그러나 없는 것이 아닌, 뚜렷하지는 않지만 왠지 익숙한, 너무 많은 것이 응축되어 있는 것 같기도 하고 스쳐지나가는 바람처럼 가벼운 것 같기도 한 그것을 그렸다. 빛보다 빠르게 나를 관통하고 지나간 그것을 그린 이 그림들은, 그러나 그때 그것이 아니다. 르네 마그리트가 그린 파이프가 파이프가 아니듯이…… ▶

► 163×97cm, 캔버스에 아크릴 물감, 2016

숙희야

지워버리고 싶은데 쉽게 지워지지 않는 마음들이 많다. 이유를 알 수 없는 불안이나 권태, 어떤 그리움이나 슬픔, 그 중에서도 특히 사람에 대한 집착 때문에 겪게 되는 마음의 통증이 나는 가장 아프다. 그래서 언제부턴가, 그런 마음들 때문에 괴로움을 겪을 때마다 그 마음을 눌러버리기 위한 방법으로 내 이름을 부르기 시작했다. 마음속으로 울부짖듯 내 이름을 간절하게 부르는 그 방법은 근본적인 처방은 될 수 없었지만 임시 처방으로는 괜찮았다. 불편한 마음이 고개를 치켜들 때마다 내 이름을 부름으로써 그 마음을 눌렀다.

이 그림의 시작은 그렇게 내 이름을 부르는 것으로부터 비롯되었다. 처음에는 캔버스에 하늘색 물감으로 무수히 많은 내 이름을 적어 넣었다. 지우고 싶은 마음들을 지우는 심정으로 내 이름을 썼던 것이다. 그런데 해놓고 보니 그림으로서의 완성도가 전혀 없었다. 그래서 그것들을 죄다 덮어버렸다. 이름을 썼다가 지워버린 화면은 심심해 보여 그것 역시 그림이 될 것 같지 않았다. 그래서 미완성인 채 일 년 넘게 방치해두었다. 그러던 어느 날, 치명적으로 나를 괴롭히던 마음과 다시 맞닥뜨렸고, 바로 그때 이 그림 위에 다시 「숙희야」를 쓰기 시작했다. 내가 쓴 것은 「숙희야」였는데 정작 그려지는 것은 「숙희야」가 아니라 불덩어리가 되어 미처 날뛰는 나의 거친 마음이었다. 그렇게 정신없이 그리다가 어느 순간 정신을 차리고 보니 숙희인지 무엇인지 알 수 없는, 휘갈겨 쓴 낙서 같은 선들이 캔버스 가득 난무하고 있었다. 그렇게 휘몰아친 순간이 1분이었는지 5분이었는지 모르겠다. 오래 기다렸던 마지막 터치의 순간은 너무 짧았지만 나는 이 그림을 그렇게 완성시켰다. 완성과 미완성의 구분 또한 내 마음의 변덕이겠지만 어쨌든 나는 그것으로 이 그림을 끝냈던 것이다.

► 117×80cm, 캔버스에 아크릴 물감, 2015

사소한 차이

사소한 차이가 항상 큰 차이를 낳는다. 그림에서도 마찬가지다. 아주 사소한 차이로 말미암아 소위 말하는 걸작이 되기도 하고 졸작이 되기도 하는 것이다. 그런 이유로 나는 의식보다 무의식이 빚어낸 그림을 더 좋아한다. 의식은 조작이 가능하기 때문에 모든 게 절묘하게 맞아떨어졌을 때는 세상이 인정하는 최고의 작품을 만들어낼 수도 있는 반면, 이미 훌륭한 작가 반열에 오른 작가라 하더라도 사소한 방심이나 교만으로 인해 걸작이 될 수도 있었던 작품을 졸작으로 추락시켜버릴 수도 있는 것이다. 하지만 무의식은 조작할 수 없다는 점에서 순수하다. 순수한 것은 적어도 악취를 풍기지는 않는다. 그래서 무의식이 그려낸 그림은 설사 걸작이 되지 못한다 하더라도 졸작은 면할 수 있다.

무의식이 그린 그림 혹은 무의식으로 그린 그림, 아니 무의식을 그린 그림은 언제나 순간의 느낌을 한순간에 즉각적으로 표현하는 식으로 그려질 수밖에 없다. 이 그림도 그렇게 그려졌다. 늘 다니던 곳, 늘 똑같이 반복되던 익숙한 일상 한가운데서 완전히 정지된 채 멈춰 서 있었던 적이 있다. 그때 나는 하얗게 지워진 상태였다. 백색 망각의 순간에 유일하게 존재한 것은 약간의 어지러움이었다. 그 어지러움 외에 나를 정의할 수 있는 것은 아무것도 없었다. 오직 어지럼증만이 내 존재를 증명하는 전부였다. 그 순간은 짧았지만 분명하고 강렬했다.내가 지워진 그 자리에서 나는 아무것도 아니었지만 잠시 다른 세상과 연결된 것 같기도 했다. 그 세계는 어둠이었고 빛이었으며 그리고 현란했다. 이 그림은 그때 나를 삼켰던 그 세계를 표현한 것이다. 2016년 MBC드라마 「화려한 유혹」에, 2017년 MBC드라마 「불야성」에 협찬 그림으로 선보였던 이 그림은 지금 미국에 살고 있는 젊은 부부의 신혼집에 걸려 있다.

► 117×90cm, 캔버스에 아크릴 물감, 2015

이것은 그때 그것이 아니다

내가 영어 공부를 하는 방식은, 미국의 뉴스 방송 채널인 CNN을 켜놓고 눈을 감은 채 앵커가 하는 말에 귀를 기울이는 것이다. 알아듣든 못 알아듣든 모든 신경을 TV에서 흘러나오는 말소리에만 집중한다. 처음 시작했을 때는 CNN앵커가 발음하는 단어들이 뭉텅뭉텅 덩어리가 되어 휙휙 지나가버리는 바람에 한 단어도 제대로 들리는 게 없었다. 그러다가 어느 날부턴가 아는 단어가 하나씩 들리기 시작했고, 또 어느 날부턴가는 모르는 단어는 모르는 채 하나의 소리로 분명히 들리기 시작했다. 그러나 그런 순간은 오래 지속되지 않고 중간 중간 뚝뚝 끊겼다. 앵커의 말에 오롯이 집중하게 될 때는 분명히 다 들리는데 그 집중 상태가 조금이라도 흐트러지면 몇 개의 단어들이 순식간에 다 달아나버렸다. 오롯이 집중이 되는 순간도 짧았고 집중이 흐트러지는 순간도 짧았다. 특히 집중이 깨어지는 그 순간, 빛보다 빠르게 끼어들어 집중했던 마음을 흐트러뜨려 놓는 무엇이 있었는데 그 무엇이 무엇인지 도저히 알 수 없었다. 지금 밥을 먹으면서 어제 먹었던 밥을 생각하는 식의 명백한 잡념과는 다른 그것은 도무지 정체를 파악하기 어려운 잡념이었다. 스토리는커녕 이미지조차 남기지 않은 채 내 머릿속을, 아니 내 마음속을 들락날락하는 그것은 아무것도 아니라고 하기도 그렇고 딱히 무엇이라고 하기도 그런 이상한 것이었다.

이 그림은 그 이상한 것의 정체가 뭘까 생각하며 그린 그림이다. 너무 많은 것이 그 속에 응축되어 있는 것 같기도 하고 스쳐지나가는 바람처럼 가벼운 것 같기도 한 그것을 이런 그림으로 그렸다. 그러나 이 그림은 빛보다 빠르게 나를 관통하고 지나갔던 무색무취의 잡념, 그것이 결코 아니다. 르네 마그리트가 그린 파이프가 파이프가 아니듯이 내가 그린 이 그림도 그때 그것이 아니다.

 130×80cm, 캔버스에 혼합재료, 2017

문 문 문(門 問 聞)

더 이상 새로운 것은 없다.

그림을 그리게 되면서 제일 많이 들었던 생각이다. 미술사 전반을 공부한 건 아니지만 내가 떠올리는 아이디어 대부분이 이미 이전 화가들이 시도한 것들이었다. 그럼에도 불구하고 누구도 흉내 낼 수 없는 나만의 그림을 그려보고 싶은 욕심이 마음 한구석에 늘 있었다. 이 그림은 그런 욕심의 한 결과물이다.

글을 이용한 그림은 소설가이면서 화가인 내가 생각해낼 수 있는 가장 손쉬운 아이디어였다. 그러나 이미 그림의 한 장르로 분류되고 있는 문인화와는 다른 뭔가를 그려보고 싶었다. 이 그림이 그런 내 의도와 부합하는 그림이 될지 어떨지는 모르겠지만 아무튼 기존 문인화와는 다른 느낌의 글과 그림을 그려보았다. 내가 직접 쓴 글을 한 자 한 자 캔버스에 새겨 넣는 식으로 그린 이 그림은 엄밀하게 말하면 그렸다기보다는 작업했다고 말해야 한다.

그림 제목은 「門 問 聞」이다. 그림으로 표현된 글 제목이 「門 問 聞」이기 때문이다. 그림 속 글 내용은 다음과 같다.

문을 그리기 시작했다. 왜? 라는 당신의 질문은 받지 않겠다. 어느 날 문이 나에게 다가왔다. 문 밖에 서 있어본 적이 있다. 안을 짐작할 수 없는 닫힌 문 앞에서 간절하게 안이 그리웠다. 문 안에서 작은 창을 통해 내다본 바깥세상은 항상 모호하고 두려웠다. 그러나 동경을 불러일으켰다. 당신의 질문은 사양한 내가 나에게 묻는다. 왜 문인가? 아직 대답을 듣지 못해 여전히 질문인 채 남아 있는 문 앞에서 또 묻는다. 왜?

► 18×26cm, 캔버스에 아크릴 물감, 2016

니콜라 드 스탈

러시아 출신의 니콜라 드 스탈은 형태 없이 형태를 그린 화가이다. 스탈은 자신의 내면적 심리 상태와 감정을 그가 관찰한 외부 세계에 담는 방식으로 그림을 그렸다. 그러나 그가 그린 그림에서의 대상은 형태의 윤곽을 극단적으로 단순화시킨 것으로서 바다 혹은 집 심지어 인물까지도 구체적인 묘사 없이 오직 색으로만 표현되었다. 그가 그린 그림을 보면 고도의 추상에도 불구하고 그림 속에 표현된 대상이 만져질 듯 가깝게, 그리고 구체적으로 느껴진다. 서정추상의 한 경향인 앙포르멜미술을 추구했던 그는 추상과 구상의 균형을 완벽하게 이루어냄으로써 유럽추상미술의 대표적인 화가가 되었다.

1914년에 태어나 1945년 살롱 드 메에서 첫 초대작가로 전시를 열자마자 곧바로 명성을 얻게 되지만 본격적으로 이름을 떨치게 되는 것은 1951년부터다. 남프랑스 앙티브에 머물던 그 시기, 꽃이 한꺼번에 만개하듯 훌륭한 그림들을 쏟아내기 시작하면서 스탈은 프랑스 화단을 중심으로 세계적인 명성을 얻게 된다. 그러나 당대 비평가들과 미술평론가들은 그의 그림에 대해 혹평을 했다. 그가 그렸던 과감한 에너지의 그림들과는 다르게 성정이 심약하고 소심했던 스탈은 그들의 혹평을 견디지 못하고 급기야 우울증과 불면증에 시달리게 된다. 그러다가 1955년 3월 16일, 태양이 작열하는 지중해 앙티브에서 결국 자살하고 만다. 죽기 전에 그가 남긴 메모에는 이런 글이 적혀 있었다고 한다.

그림들을 완성할 힘이 더 이상 남아 있지 않다.

니콜라 드 스탈. 그가 그리려고 했던, 그러나 끝내 그리지 못한 그림들을 상상하며, 그리고 그가 마지막까지 머물렀던 앙티브를 떠올리며 이 그림을 그렸다.

► 80×117cm, 캔버스에 아크릴 물감, 2015

레너드 코헨

레너드 코헨이 부르는 노래에는 멜랑콜리가 없다. 아니 멜랑콜리가 겹겹이 숨겨져 있다. 그래서 그의 노래는 차가운 듯 차갑지 않다. 시인이며 소설가이기도 했던 코헨은 시를 낭송하듯 노래를 한다. 대체로 가수들은 자신이 노래로 부르짖는 감정이 듣는 사람에게 가능한 한 강렬하게 가닿기를 바란다. 심지어 어떤 가수들은 청중들을 선동이라도 하겠다는 듯이 격하게 노래를 부르기도 한다. 그런데 레너드 코헨은 그 반대다. 개성이라고는 없는 사람처럼 무미건조하게 중얼거리듯이 노래하면서 한편으로는 청중들을 밀어내는 것이다. 음의 높낮이도 뭉개버리고 싶다는 듯이 노래하는 코헨은 가수라기보다는 혼자 불온하게 읊조리는 시인에 가깝다.

레너드 코헨은 사랑을 노래하면서도 뜨거워지지 않는 가수다. 그가 부르는 사랑은 해소되어야 할 갈망이 아니기에 그렇다. 그가 읊조리는 사랑은, 너와 나 사이에 가로놓인 심연과도 같은 간격, 바로 그 간격으로부터 비롯될 수 있는 그런 것이다. 그러므로 서로 사랑하기 위해서는 도리어 멀어질 수 있어야 한다는 것이 코헨이 노래하는 역설 아닌 역설이다. 살아가기 위해 오히려 모든 것을 버려야 한다는 진실을 코헨은 노래하는 목소리 그 자체로 보여준다. 감상적인 것도 아니고 그렇다고 냉소적인 것도 아닌 코헨에 대해 누군가는 이렇게 말했다.

그 누구도 코헨처럼 노래한 적이 없고, 그 누구도 코헨처럼 노래할 수 없다.

우리는 어차피 우주라는 집을 떠나서 살 수 없는 존재들이지만 그래도 서로 간에 약간의 거리와 차이는 절대적으로 필요하다고 중얼거리는 코헨의 노래를 그렸다.

► 90×117cm, 캔버스에 아크릴 물감, 2016

없었던 것은 없다

상상은 사실이다. 이 말은 은유나 비유가 아니다. 이 세상에 없었던 것은 없다. 그러므로 상상 또한 없던 것이 우연히 생겨난 것이 아니라 어딘가에 있었던 어떤 것이 발견되고 튀어나온 것으로서의 상상이다.

스티브 잡스는 지구상에 떠도는 모든 지식을 손가락 하나로 이용할 수 있게 만들었다. 하지만 스티브 잡스의 이런 아이디어 역시 세계 속에 있던 것을 포착한 것이다. 눈에 보이지 않는 인간의 무의식 또한 엄연한 현실이며 사실이다. 설사 인간의 무의식 속에 인간의 미래가 저장되어 있다고 하더라도 그것 역시 있는 것이라면 가상이 아닌 현실이라고 말할 수 있을 것이다.

세계 7대 불가사의 중 하나인 바빌론의 공중정원과 바벨탑의 전설을 상상하며 이 그림을 그렸다. 30층 높이의 피라미드형 계단 위 옥상에 만들어졌던 세라미스 공중정원이 실제로 있었던 것이듯이 바벨탑의 전설도 전해져 내려오는 이야기에 불과한 것이 아니라 실제로 있었던 사실일 수도 있다. 태초에 인간은 모두 같은 말을 썼다고 한다. 그런데 감히 하늘까지 닿는 탑을 쌓으려고 하는 인간들에게 화가 난 신이 인간들의 말을 모두 다르게 만들어 버렸고, 서로 말이 통하지 않게 된 인간들은 더 이상 탑을 쌓을 수 없게 되면서 뿔뿔이 흩어지고 말았다는 이야기도 이 세상에 분명히 존재하는 이야기인 것이다.

바빌로니아의 고대 유적은 지금도 바빌론 곳곳에 남아 있지만 겨우 흔적으로만 남아 있을 뿐이다. 그 흔적들을 보면서 그린 이 그림은 상상이면서 또한 사실이다.

► 90×117cm, 캔버스에 아크릴 물감, 2015

울었다

울었다. 한 번도 만나본 적 없는 사람들 때문에 울었다.

산중에 홀로 살면서 오로지 자기 그림자를 친구삼아 지내는 젊은 남자 때문에 울었고, 모든 기억을 잃었음에도 불구하고 어디서 배어나오는지 알 수 없는 슬픔은 끝내 떨치지 못해 시도 때도 없이 눈물을 흘리는 어느 치매 노인 때문에 울었다. 평생 꼿꼿하게 살다가 언제부턴가 세상의 눈치를 보기 시작한 이름 모를 여인 때문에 울었고, 코뚜레에 꿰인 소처럼 매일매일 일상에 끌려 나와야 하는 운명을 끊을 수 있는 사람은 다른 누구도 아닌 자신임을 모르는 그가 아침마다 내쉬는 한숨소리 때문에 울었다. 어쩌다 만끽하게 된 기쁨의 여운이 채 가시기도 전에 찰나에 생과 사를 달리한 한 사람 때문에 울었다. 천박해질 걸 알면서도 외로움을 이기지 못해 기어이 천박한 삶 속으로 걸어 들어가는 나이 든 그녀 때문에 울었고, 아무리 해도 세상과 화해할 수 없는 그러나 죽을 수도 없는 한 남자 때문에 울었다. 술 마시고 노래하고 더러는 여행도 떠나보았지만 손에 붙잡히는 게 아무것도 없어 갈수록 목소리만 높아지는 그녀를 생각하며 울었고, 세상이 다 아는 악처를 무슨 이유에서인지 버리지 못하고 하루가 다르게 망가져가는 그를 떠올리며 울었다. 평생 손에 물마를 날 없이 일을 하느라 일찌감치 허리가 굽어버린 한 사람의 거친 손을 보며 울었고, 트고 거친 손에도 불구하고 한없이 선량하게 웃는 그 미소 때문에 한 번 더 울었다.

깊이 울었지만 눈물이 흐르지 않았으므로 내가 우는 것을 눈치 챈 사람은 아무도 없었다. 눈물은 가슴 속에서 비처럼 흘러내렸고 그것을 그렸다.

► 50×30cm, 종이에 아크릴 물감, 2014

거칠게 함부로 해치우고 싶었다

좀 덜 먹으면 어떻고 좀 더 먹으면 뭐 어때서, 졸리면 자면 되고 하기 싫으면 안 하면 되고, 목표 따위 정해놓지 말고 빈둥거리며 사는 것도 사는 거라는 식의 말은 아무나 하면 안 된다. 참을 수 없이 계속 먹고 싶을 때 이를 악다물고 참아본 사람, 삶의 의욕을 모두 잃어 도저히 입에 뭘 넣고 싶지 않은데도 누군가에 대한 책임감으로 억지로 밥을 먹어본 사람, 자칫 졸았다가는 낭떠러지로 굴러 떨어질 수도 있기 때문에 몰려오는 잠을 초인적인 의지로 물리쳐본 사람, 어쩔 수 없는 가난이 아니라 흔쾌히 선택한 가난에 걸맞게 빈둥거리는 삶을 오롯이 즐길 줄 아는 사람만이 이런 말을 할 수 있는 자격이 있다. 그러나 현실에서는, 이러지도 못하고 저러지도 못하는 사람들이 대부분이다.

내 삶의 중요한 환경임에 분명한 주변 사람들과의 관계에 대한 해답을 아직 찾지 못하고 있는 나 역시 이러지도 못하고 저러지도 못하는 경우가 자주 생긴다. 그럴 때 이런 그림을 그리고 나면, 나를 아는 사람이 아무도 없는 미지의 어떤 곳으로 떠나지 않고 이곳에서도 견딜 수 있겠다는 생각이 든다.

튜브 타입의 보라색 아크릴 물감 통을 거꾸로 들고 캔버스 위에 흩뿌리듯 짜내면서 그린 그림인데, 꽉 막혀 있던 마음이 이 그림을 그리고 나서 해소되었다. 어떤 마음으로 무엇을 그리고 싶었는지 모르겠다. 그냥, 잔뜩 응어리져 있던 어떤 감정을 캔버스 위에 마구 쏟아버리듯 그림을 그렸다.

거칠게, 함부로 해치우고 싶었던 것이다. 고작 하얀색 도화지 위에서.

► 45×45cm, 캔버스에 혼합재료, 2017

느낌에 대한 느낌을 그리다

이런 느낌이었다. 깊은 곳으로 가라앉는 것 같은, 약간은 서늘한, 그러나 기분 나쁘지 않은, 문득 또렷해지는……집안 온도는 25도. 끝이 길던 여름이 문득 자취를 감춘 초가을 아침이었다. 늘 생각으로 꽉 차 있던 머릿속이 텅 비면서 한순간 고요해졌고, 그 고요함 사이로 끼어든 명징한 느낌이었다. 신선하지만 낯설지는 않은 그 느낌은 오래 전 조우한 적이 있는, 하지만 정체를 알기는 어려운 그런 거였다. 그리고 그 느낌은 짧은 순간 내 속에 깃들었다가 이내 사라졌다.

그러나, 그 짧은 순간이 있기 전의 나와, 그 순간이 지나간 후의 나는 많이 달라진 것 같았다. 복잡하게 얽혀 제대로 작동되지 않던 컴퓨터를 재부팅했을 때의 느낌과 비슷한 느낌이었다. 뭐가 어떻게 정리된 것인지는 모르겠지만 말끔히 뭔가가 정리된 기분이었다. 아무것도 하지 않고 있어도 충분히 좋을 것 같았고, 뭐를 해도 새로운 마음으로 잘 할 수 있을 것 같았다.

글은 순간적인 느낌을 표현하기에는 너무 이성적이다. 그래서 강렬하게 다가온 영감을 글로 옮기다 보면 바람 빠진 풍선처럼 시들해지기 일쑤다. 그에 비해 그림은 즉각적으로 표현할 수 있는 부분이 어느 정도 있기 때문에 순간의 느낌을 그려내기에는 글보다 낫다. 생생한 것을 좋아하는 내가 요즘 들어 글보다 그림을 더 많이 그리는 것은 그래서일지도 모르겠다.

이 그림은 어느 날 아침 문득 찾아든 그 느낌을 그린 것이다. 아니, 정확하게 말하면 그 느낌의 흔적을 그린 것이다. 색깔도 없고 냄새도 없는, 그러나 없는 것이 아닌, 기억나지는 않지만 왠지 익숙한…… 사라진 느낌을 그린 그림은 결국 이런 식으로, 느낌에 대한 느낌을 표현한 것일 수밖에 없다.

► 45×45cm, 캔버스에 아크릴 물감, 2016

의식과 무의식

2016년 KIAF(한국국제아트페어)에 갔을 때 후안 미로 그림이 제일 와 닿았다. 후안 미로 그림은 단순하고 분명한데, 단순하고 분명한 그림은 보기에는 쉬워보여도 정작 그리기는 어렵다. 흔들림 없는 분명한 마음을 가진 사람만이 그런 그림을 그릴 수 있기 때문이다. 처음 그림을 시작했을 때는 분명한 생각 없이 그림 그리기를 즐겼다. 처음부터 끝까지 분명한 마음을 가지고 그린 그림과, 어떤 단초만 가지고 시작해서 그리는 과정에서의 흐름에 내맡긴 그림 중 어느 것이 더 나은가, 라는 질문은 의미가 없다. 뚜렷한 의도를 가지고 그린 그림도 명작이 될 수 있고, 자기도 미처 알지 못하는 무의식의 흐름에 자신을 내맡긴 채 그린 그림도 걸작이 될 수 있는 것이다. 이 그림은 2016년 KIAF에 다녀와서 그린 그림인데, 의식과 무의식이 적당히 뒤섞인 그림이라 할 수 있다. 이 그림을 완성시키고 나서 나는 그림에 대해 좀 더 자유로워졌다. 늘 그리고 싶은 대로 그리면서도 한편으로는 나만의 그림세계가 필요한 건 아닐까 고민했었다. 그런데 이 그림을 그리고 나서 그런 고민으로부터 벗어나게 되었다. 의식도 내 속에서 나온 것이고 무의식 또한 내 속에서 나온 것이라는 사실을 이 그림을 그리면서 깨달았던 것이다. 이 그림에서 볼 수 있는 갖가지 색의 구불거리는 선은 길일 수도 있고 길이 아닐 수도 있다. 살면서 내가 추구했던 것들은 아무리 다가가 보아도 도착지점이 보이지 않는 것들이었기에 길이면서 길이 아니었다. 차라리 길 아래 간신히 흔적으로만 남은 무수한 발자국 같은 무의식, 바로 거기에서 길을 찾아야 할지도 모를 일이다. 아니다. 알면서 걸었던 길도 내가 걸어온 길이고 모른 채 내딛었던 무수한 발걸음도 내 발걸음이다. 그러니까 서로 만나지 못하고 있는 그림 속 색색의 길들도 결국은 하나다.

► 90×117cm, 캔버스에 아크릴 물감, 2016

손으로

바람이 많이 불던 날이었다. 허공을 가로지르는 바람소리가 살아 있는 생명의 울부짖음처럼 생생하게 들렸다. 여럿이 모여 함성을 지르는 것 같은 바람소리는 굵고 위협적이었다. 바람소리에 이끌려 일없이 바깥으로 나가보았다. 텅 빈 거리에서는 나를 홀린 바람소리를 더 이상 들을 수 없었다. 그러나 소리가 사라진 그곳에서 나는 바람을 보았다. 미친 말들이 갈기를 휘날리며 날뛰듯하는 바람의 모습을 분명히 보았다. 거칠게 불어대는 바람 한가운데서 정작 나는 고요해졌다. 한순간도 멈출 줄 모르던 마음속 소용돌이가 태풍의 핵속으로 빨려들어가기라도 한 듯 잠잠해졌던 것이다. 사람은 없고 오직 바람뿐인 그곳에서 나는 제법 오래 서 있었다.

이 그림은 그날 내가 보았던 바람을 그린 것이다. 붓으로 그리기에는 마음이 급해 손으로 그렸다. 만져보고 싶었지만 만져지지 않았던 바람을 손으로 그리면서 다시 바람을 느껴보고 싶었다. 한손으로는 부족해 양손으로 그렸다. 아니, 온몸으로 그렸다. 하지만 바람은 끝내 잡히지 않았다. 그래서인지 이 그림을 볼 때마다 어떤 안타까움이 느껴진다. 정작 그리고 싶었던 바람은 그리지 못하고, 이미 달아나버린 바람을 미친 듯이 좇던 손짓만 하나의 그림으로 남았다. 이 그림을 본 사람 중 한 사람은 이 그림을 보는 순간 신경질이라는 단어가 떠올랐다고 했다. 그럴 수도 있겠다는 생각이 들었다. 또 누군가는 갈대숲이 연상된다고 했고, 어떤 사람은 여름을 표현한 것 같다고 했다. 내가 무엇을 의도하며 그렸든 보는 사람이 느끼는 대로 느끼면 그만인 것이 그림인 것 같다. 각자 나름대로의 마음으로 그림을 보는 그들에게, 이런 글로써 그림에 대한 설명을 덧붙이고 있는 것이 어쩌면 실수일지도 모르겠다는 생각이 든다.

► 80×117cm, 캔버스에 아크릴 물감, 2015

어떡하지

어떡하지. 또 음악에 농락당하고 말았다. 제목을 모르는, 그러나 익숙한 그 곡이 왜 그런 감정을 불러일으켰던 것인지는 설명할 길이 없다. 통제되지 않는, 감당하기 어려운…… 구체적이고 분명한 이유도 없이 나를 급습한 그런 감정 앞에서 그나마 버틸 수 있었던 것은 어떡하지, 라는 단어 덕분이었다. 그런데 그 단어는, 나를 위험에 빠뜨린 위태로운 감정이 발생한 바로 그 자리에서 위태로운 감정과 함께 튀어나온 것이었다. 위험한 감정을 불러일으킨 나와, 그것을 제압하기 위해 어떡하지라는 단어에 매달리는 또 다른 내가 어떻게 한 마음속에 같이 공존할 수 있는지에 대한 의문 또한 빛보다 빠른 속도로 머릿속을 스쳐지나갔지만 그것까지 또 하나의 다른 마음으로 내 속에 담을 여유가 없었다. 어떡하지. 쓰나미처럼 강력하게 모든 것을 집어삼키는 거친 감정의 격랑속에서 나를 구해줄 유일한 구명보트를 붙들 듯 나는 그 단어를 필사적으로 붙들었다. 아침에 라디오에서 음악이 흘러나오고 있는 것 외에는 아무런 일도 없었다. 그런데 나는 무너지고 있었다. 아무도 눈치 채지 못하게 조용히……사건이라 이름 붙이기에는 은밀했다. 은밀했던 것이라고 해서 사소하다 치부할 수는 없지만 겉으로 드러나게 흔적을 남긴 것은 아무것도 없었다. 그러나 그 감정은 분명히 있었던 것이고 언제든 또다시 나를 덮칠 수 있는 그런 것이었다. 어떡하지. 그날 내 마음속에서 수도 없이 되풀이되었던 그 단어가 그림에서는 푸른 색 굵은 선으로 표현되었다. 그것은 뭔가를 나타내기 위한 선이 아니라 지우기 위한 선이었다. 그러나, 무엇을 어떻게 지워야 할지 모른 채 갈팡질팡하는 그것은 또 하나의 다른 혼란이었다. 그어진 선과 색이 조금씩 다 다르고, 어느 것 하나도 선으로서 완전하지 못한 것은 그래서이다.

► 16×28cm, 캔버스에 아크릴 물감, 2016

알면서 모른 체하기

알면서 모른 체하기는, 사실은 알면서 일부러 모른 척하는 것이기 때문에 진짜 모르는 것이 아니고 결국은 아는 것이다. 그럼에도 불구하고 철학자 김영민은 알면서 모른 척할 수 있는, 아니 알지만 모를 수 있는 지점과 만나기를 원했던 것일까?

살아 있으면서 죽어야 하고 죽은 속에서도 살아 있을 수 있는 경지는 어쩌면 인간에게 허락되지 않은 경지일지도 모른다. 평생 그것 하나를 위해 자신을 다 바친 사람들이 적지 않다. 물론, 자신을 온전히 다 바쳤는지 아닌지는 자기 자신만이 알 수 있을 것이다. 그렇다 하더라도, 자기 손가락을 스스로 잘라내고도 자신을 다 버리지 못한 누군가에게 그것이 바로 인간이라고 말하는 것은 아무런 위로도 되지 않을 것이다.

아는 건 아는 거고 모르는 것은 모르는 것이라고 잘라 말한 숭산스님은 알면서 모른 체한 것일까 아니면 알 때는 알고 모를 때는 그냥 모를 뿐인 그것이었을까?

이러나저러나 나는 김영민 교수에게 빚진 것이 많다. 세상에 내로라는 석학들의 명저가 많지만 김영민 교수의 글만큼 애착을 가졌던 것은 없다. 특히 김영민 교수가 쓴 저서 중『봄날은 간다』는 늘 내 책상 위에 올려놓고 수시로 읽어보는 책이다.「봄날은 간다」는 철학자 김영민이 붙들고 있는 화두 중에서도 가장 실한 화두라고 한다. 봄날이 가는 일을 빼고는 슬픔도 외로움도 지혜도 성숙도 체감할 수가 없다고 말하는 그를 생각하며 이 그림을 그렸다.

► 90×117cm, 캔버스에 아크릴 물감, 2016

하얀색 주인공

속초에 있는 낙산사에 갔다. 그날 낙산사를 비추던 하늘은 구름 한 점 없이 맑았다. 입장료 삼천 원을 낼 때부터 눈에 띈 이씨네 가족 열세 명은 모두 똑같은 초록색 티셔츠를 입고 있었는데, 등 뒤에 새겨져 있는 문구가 재미있었다. 이씨네 가족은 일탈 중. 사연은 알 수 없었지만 멋진 일탈이라는 생각이 들었다. 어느 곳에서나 바다를 내려다볼 수 있는 낙산사는, 처음 그곳에 들어가기 위해 지불했던 입장료 삼천 원을 아까워했던 마음이 미안해질 정도로 훌륭했다. 해수관음상 앞에서 이씨네 가족 열세 명이 단체로 절하는 모습도 눈길을 끌었고, 이제 서너 살밖에 안된 것 같은 어린아이가 엄마와 함께 제법 간절한 표정을 지으며 기도하는 모습도 인상적이었다. 이미지로만 보던 부엉이를 실제로 본 것도 낙산사 안에서였다. 의상대 절벽에서 위태롭게 자란 소나무 아래에 살고 있는 부엉이는 모두 네 마리였다. 지나가던 사람들이 하나같이 멈춰 서서 지켜보는 틈 사이에 나도 끼여 부엉이를 구경하고 있는데, 핸드폰에서 문자메시지가 들어온 것을 알리는 알림 소리가 났다. 오래 아프던 친구 배우자가 하늘나라로 떠났다는 비보였다. 나는 부엉이의 커다란 눈을 쳐다보며 한 번도 만난 적이 없는 망자의 극락왕생을 빌었다. 내려오는 길이 특히 시원했던 낙산사를 다녀와서 나는 이 그림을 그렸다. 부엉이 눈과 초록색 옷을 단체로 입은 가족, 삶과 죽음, 거짓말처럼 구름 한 점 없이 깨끗했던 하늘, 낙산사 어느 귀퉁이에서 꿈결처럼 들었던 파도소리, 까맣게 잊고 있던 나를 불현 듯 다시 만난 어떤 순간 등의 기억을 떠올리며 이 그림을 그렸다. 만화경 같은 세상 속에서 나 역시 한 조각 그림에 불과하지만 그래도 나에게는 내가 우주의 중심이다. 그래서 알록달록한 만화경 속에 하얀색 주인공 하나를 따로 그려 넣었다.

► 16×28cm, 캔버스에 아크릴 물감, 2016

조르주 루오

프랑스 빈민촌 출신인 조르주 루오는 20세기 최고의 종교화가로 불린다. 원래 성직자가 되고 싶었던 루오는 그림 그리기를 통해 수행과 구도의 길을 걸었다고 한다. 루오는 당시 유행하던 화풍을 좇지 않고 예컨대 노숙자 같은 소외된 사람들을 주로 그렸다.

조르주 루오의 그림은 어두운데도 따뜻하고 흐릿하면서도 강렬하고 선명하다. 무엇보다 한없이 깊다. 조르주 루오의 그림을 보고 있으면 그림 너머의 어떤 세계가 궁금해진다. 색채의 연금술사로 인정받기도 하는 루오의 그림에서 사용된 색은 왠지 세상의 색 같지가 않다. 세상에 없는 색을 연금술사처럼 만들어내 그림을 그린 조르주 루오의 정신세계를 루오 자신이 언급한 말을 통해 조금 짐작해본다.

나는 손으로 만질 수 있는 것도, 눈으로 볼 수 있는 것도 믿지 않는다. 내가 믿는 것은 보이지 않는 것, 즉 느낌 그것뿐이다.

오직 느낌으로만 엿볼 수 있는 세계를 그린 조르주 루오의 그림을 보고 내가 그리고 싶었던 것은 검은 선이다. 루오의 그림 속에서 유일하게 세상과 맞닿아 있는 것 같은 굵고 검은 선의 이미지를 표현하고 싶어 그린 이 그림은 루오의 그림과는 다르게 혼란스러워 보인다. 루오의 내면을 알 수 없는 나는 그가 그나마 보여준, 세상과 닮은 선들을 그림으로 그림으로써 조르주 루오를 마음에 새겼다.

► 80×117cm, 캔버스에 아크릴 물감, 2015

히스테리

침대 위에 펼쳐놓은 이불이 조금이라도 비뚤어져 보이면 반듯해질 때까지 정리하고 또 정리하는, 주로 쓰는 펜은 반드시 그 자리에 있어야 하고, 손톱을 최대한 깔끔하게 깎으려고 깎고 또 깎다가 급기야 손에 상처를 내고 마는, 문득 이미지로 떠오른 동그라미를 허공에 그리면서 완벽하게 둥근 모양이 될 때까지 그리고 또 그려보는, 심지어 길을 걷다가 마주 오는 낯선 사람이 입고 있는 옷의 단추가 잘못 채워진 것까지 기어코 지적해줘야 직성이 풀리는……딱 맞아떨어지지 않으면 견디지 못해 딱 맞아떨어지는 그 지점을 찾아보지만 그 지점의 정확한 위치를 결국은 알아내지 못하는, 그래서 해도 해도 끝이 없고 답답할 뿐인……
이것의 정체는 히스테리다.

이 그림은 그런 히스테리를 그린 것이다. 선과 면 하나하나는 일상 곳곳에 편재해 있는 히스테리들을 표현한 것이다. 히스테리를 선과 면의 이미지로 표현한 이유는, 그림에서 선과 면이라 지칭되는 선과 면이 과연 엄밀한 의미에서의 선과 면이 맞는가, 하는 의혹을 제기하고 싶어서이다. 캔버스 위에 붓으로 최대한 작게 찍은 점 하나도 현미경으로 확대해 보면 그것은 점이 아닌 선으로 보여질 수 있다. 선 역시 마찬가지다. 가늘게 그은 선을 최대한 가까이서 보면 그것은 선이 아니라 면으로 보인다. 그러므로 선이라든가 면이라든가 하는 것은 현실 속에 실제로 존재하는 것이 아니라 관념에서만 가능한 것이다. 알면서도 인간은 관념에서만 가능한 그것들에 매달린다. 오직 경험할 뿐인 인간이 경험 너머의 세계를 붙들어 보려고 발버둥치는 것과 마찬가지다.

히스테리라는 한 사건이 있었고, 그 사건의 흔적으로 이 그림이 남았다.

► 78×53cm, 종이에 아크릴 물감, 2014

길 위에서 길을 잃다

버젓이 살고 있으면서, 도무지 사는 게 사는 것 같지 않다, 어쩌면 그것은 길 위에서 길을 잃은 것이다. 시계바늘처럼 째깍째깍 도착하는 하루하루에 떠밀려 아침에 눈을 뜨기 싫어도 눈을 떠야 하고, 어느 누구와 만나서 떠들어대도 그 말들이 모두 허공으로 흩어져 버리고, 다음 순간이 지금 이 순간과 다를 게 하나도 없다는 사실을 알면서도 매순간 마음이 다음 순간에 먼저 가 있어 이 순간을 번번이 놓치고, 진짜 붙들고 싶은 게 뭔지도 모르면서 막연하게 뭔가를 갈구하느라 늘 허기지고, 주로 시끄럽게 지내다가 어쩌다 적막과 맞닥뜨리면 화들짝 놀라 달아나기 바쁘고, 경험해보지도 않은 미래에 대한 불안에게 하루를 통째로 갖다 바치고, 깊이 생각해봐야 할 중요한 생각은 해볼 엄두도 내지 못하고 따로 생각하지 않아도 습관적으로 할 수 있는 일만 겨우 하고 사는……이렇게 살았던 적이 있다. 길을 가는 것도 아니고, 길을 찾는 것도 아니며, 그렇다고 길 위에서 잠시 멈춰 서 있을 수도 없었던 그런 삶을 살았던 적이 있다. 그때 내가 알고 있던 길은 모두 직선이었다. 길 끝에 목표지점이 반드시 있어야 하고, 그런 길을 갈 때는 절대 한눈팔지 말고 서둘러 곧장 가야 하는 그런 것이 내가 알던 길이었다. 그런데 나는 오직 직선으로만 뻗어 있는 그 길 위에서 길을 잃었고 그래서 사는 게 사는 것 같지 않았다. 이 그림은 그 시기를 떠올리며 그린 것이다. 수없이 많고, 어차피 서로 겹쳐지며, 시작과 끝이 애초에 없었던 것이 바로 길이라는 사실을 그때도 알았더라면, 하는 생각을 이 그림을 그리면서 했다. 아무도 길이라 여기지 않는 길 위를 걷고 있어도 불안할 게 없고, 굳이 길을 나서지 않아도 앉은 자리에서 길이 만들어지는 그런 삶을 살게 될 때 즈음, 길에 대한 그림을 다시 하나 그리고 싶다.

► 117×90cm, 캔버스에 아크릴 물감, 2016

로스코, 레드

다른 사람이 그린 그림을 보면서 감동을 받게 될 때, 그림에 사용된 색깔만 보고 감동하는 경우는 드물다. 관람자들은 형태를 통해 표현된 메시지를 읽으면서 주로 마음이 움직이는 것이다. 그런데 마크 로스코는 오직 색으로 많은 사람들의 마음을 빼앗았다. 이 그림은 로스코가 자살하기 직전에 그린 미완의 작품 「레드」를 보면서 느꼈던 어떤 마음이 계기가 되어 그린 것이다. 빨강을 좋아하지만 조심스러운 색이라 내가 그리는 그림에 마음껏 쓰지는 못했다. 그런데 로스코의 마지막 작품을 보면서 나도 빨강색만으로 그림을 그려보리라, 마음먹었다. 그리고 그렸다. 로스코의 마지막 작품은 작품 자체로서보다 로스코가 그 작품을 그리고 나서 자살했다는 사실과 더불어 더 의미 있어진 것 같다. 그런 점에서 보면 내가 그린 레드는 레드라는 색깔 자체의 강렬함에도 불구하고 밋밋할 수밖에 없다. 내가 그린 레드는 충격적인 어떤 사건이나 사실과 결부된 것이 아니기 때문이다. 오직 빨강색으로만 그림을 그리면서 나는 빨강의 이미지와 연관된 나의 기억들을 하나하나 떠올렸다. 20대 때, 내가 세상을 바꿀 수도 있다는 위험하고 가당찮은 생각에 발갛게 달아오른 채 보냈던 불면의 밤들이 빨강이었고, 그 무렵 내가 자주 입었던 원피스 색깔도 빨강이었다. 다 타버리고 없는 줄 알았던 열정의 잔해가 냉소 한가운데 똬리를 틀고 들어앉아 있다가 느닷없는 순간에 돌발적으로 튀어나올 때의 감정도 빨강이었다. 내뱉는 한숨과 함께 깊게 빨아들이는 담배 끝에서 새빨갛게 타들어가던 그것도 빨강이었다. 그러므로 나에게 빨강은 한편으로는 매혹이며 다른 한편으로는 상처였다. 그래서 내가 그린 빨강은 로스코처럼 빨강 그 자체만으로 완성되지는 못하고 여기저기 깊게 패인 흔적들을 남겼다.

► 50×43cm, 종이에 아크릴 물감, 2013

구토

존재하는 그것으로의 그것은 없다. 사르트르가 쓴 소설 『구토』에 등장하는 로캉탱이 겪었던 구토는 바로 이런 자각으로부터 비롯된 것이다. 세상은 존재하는 그것들로 이루어지는 것이 아니라 사건과 그 사건의 과정일 뿐이라는 로캉탱의 자각은, 급기야 자기 존재조차 부정하게 만들면서 구토 증세를 유발시켰다. 이십대 때 읽었던 『구토』를 오십대 때 또 읽었다. 그때 나는 상당히 현실적인 이유로 절망에 빠져 있는 상태였다. 의료사고 후유증으로 침대에서 생활해야만 하는 상황이었는데, 그때 『구토』를 다시 읽었다. 『구토』라는 소설은 절망의 늪에 빠져 있는 사람이 읽기에는 적절치 않은 책이었다. 세상은, 생각하는 사람에게는 천국이지만 느끼는 사람에게는 지옥이라고 쇼펜하우어가 말했다. 생각으로만 세상을 살 때도 나에게 세상은 천국이 아니었지만, 의료사고라는 극적인 경험과 더불어 세상을 느끼게 되면서부터 나는 전과는 다른 상태에 빠져 있었다. 나를 비롯해 나를 둘러싼 모든 것들이 해체되어 그 무엇에도 의미를 둘 수 없었다. 로캉탱만큼은 아니지만 그 무렵 나에게도 약간의 구토 증세가 있었다. 그런 시기에 아이러니하게 다시 『구토』가 읽고 싶어졌다. 그러나 그것은, 무력한 상태에 빠진 내가 겨우 생각해낸 미미한 욕구였다. 『구토』를 읽고 달라진 건 아무것도 없었다. 이십대 때 그 책을 읽고 나서 느꼈던 것만큼 우울하지도 않았다. 다만, 심하진 않으면서 은근히 불쾌했던 구토 증세가 『구토』를 읽고 나서 좀 가라앉았을 따름이었다. 이 그림은 그때를 떠올리며 그린 그림이다. 쉽게 받아들이기 어려운 진실 앞에 느닷없이 노출된 영혼의 미약한 저항 같은 구토 증세가 사라진 지는 오래 되었다. 다행히 나는 타협하지 않고 적응했고, 그래서 이 그림을 그리면서도 아프지 않았다.